从专家
到导师

职场导师带人指南

［英］约翰·阿瑟斯（John Arthurs） 著
刘彤　陈学斌　司贤哲　　　　　译

MENTORING SCIENTISTS AND ENGINEERS
THE ESSENTIAL SKILLS, PRINCIPLES AND PROCESSES

中国原子能出版社　中国科学技术出版社
·北　京·

Mentoring Scientists and Engineers: The Essential Skills, Principles and Processes (1st Edition) / by John Arthurs/ ISBN: 9780367724009
Copyright © 2021 by CRC Press.
All Rights Reserved. Authorised translation from the English language edition published by CRC Press, a member of the Taylor & Francis Group. 本书原版由 Taylor & Francis 出版集团旗下 CRC 出版公司出版，并经其授权翻译出版。版权所有，侵权必究。
Simplified Chinese translation copyright © 2023 by China Science and Technology Press and China Atomic Energy Publishing & Media Co., Ltd. 本书中文简体翻译版授权由中国科学技术出版社、中国原子能出版传媒有限公司出版，并限在中国大陆地区销售。未经出版者书面许可，不得以任何方式复制或发行本书的任何部分。
Copies of this book sold without a Taylor & Francis sticker on the cover are unauthorized and illegal. 本书封面贴有 Taylor & Francis 公司防伪标签，无标签者不得销售。

北京市版权局著作权合同登记　图字：01-2022-1436

图书在版编目（CIP）数据

从专家到导师：职场导师带人指南 /（英）约翰·阿瑟斯（John Arthurs）著；刘彤，陈学斌，司贤哲译 . — 北京：中国原子能出版社：中国科学技术出版社，2023.8

书名原文：Mentoring Scientists and Engineers: The Essential Skills, Principles and Processes

ISBN 978-7-5221-2930-3

Ⅰ . ①从⋯ Ⅱ . ①约⋯ ②刘⋯ ③陈⋯ ④司⋯ Ⅲ . ①职工培训—指南 Ⅳ . ① C975-62

中国国家版本馆 CIP 数据核字（2023）第 161599 号

策划编辑	刘　畅　宋竹青	特约编辑	安莎莎
责任编辑	付　凯	文字编辑	邢萌萌
封面设计	马筱琨	版式设计	蚂蚁设计
责任校对	冯莲凤　吕传新	责任印制	赵　明　李晓霖

出　　版	中国原子能出版社　中国科学技术出版社
发　　行	中国原子能出版社　中国科学技术出版社有限公司发行部
地　　址	北京市海淀区中关村南大街 16 号
邮　　编	100081
发行电话	010-62173865
传　　真	010-62173081
网　　址	http://www.cspbooks.com.cn

开　　本	880mm×1230mm　1/32
字　　数	142 千字
印　　张	7.5
版　　次	2023 年 8 月第 1 版
印　　次	2023 年 8 月第 1 次印刷
印　　刷	北京华联印刷有限公司
书　　号	ISBN 978-7-5221-2930-3
定　　价	69.00 元

（凡购买本社图书，如有缺页、倒页、脱页者，本社发行部负责调换）

序

约翰·阿瑟斯这本指导科学家和工程师成为优秀的职场导师的著作跨越了一些重要的边界。它将现代个人辅导的理念和心理学的观点运用于科学、技术和工程等领域的导师指导实践中。本书完全实现了它在导论中设定的目标——为那些没有导师经验却被推向导师这一角色的人在指导技能、原则和流程方面提供建议。本书笔法清晰流畅，叙事娓娓道来，结构严谨合理，案例精挑细选，给人印象深刻。本书短小精悍，坐下来一口气便能读完，但书中包含诸多有关提升指导力的案例及其运用方法，这些案例和方法对于科学和技术领域的读者很有参考价值，也颇具吸引力。

过去的20年里，在高管培训学院，我们为许多来自不同国家、不同背景的人提供了辅导培训。培训过程中我们注意到，学员中拥有物理、生物、地质科学及其他不同的工程和技术领域背景的人相对较少。这个世界需要更多的人帮助年轻的科学家和工程师独立思考，激励他们创造和探索新的想法，并进行有效沟通。最重要的是，培养他们涵盖下至细小领域上至整个世界的新思考模式。

文明的进步得益于探索者和教师的辛勤劳动。广义上的探索者是那些探寻新想法并学习如何运用这些想法的人,特别是科学家和工程师;而广义上的教师则是向他人传授思想和技能的人。在我看来,科学、工程和技术等领域的导师具有双重价值,因为他们同时扮演着这两个角色。我希望这本书将为实现这一目标作出重大贡献。

约翰·利里-乔伊斯(John Leary-Joyce)

约翰·利里-乔伊斯是英国格式塔疗法和培训的开创者之一。他通过整合自己在20世纪80年代的临床和商业经验，开创了一种颇为成功的培训服务和格式塔式辅导的实践方式。乔伊斯于1999年创建了高管培训学院，这是该领域在世界上最具权威的学习机构之一，获得了业内领先的职业机构——个人辅导协会、欧洲导师指导与个人辅导协会，以及国际个人辅导联盟——的认证。其总部设在伦敦的高管培训学院，在过去的20年里，该学院在全球培训了超过13000名学员。该学院目前在全球有14个教学点，90名职业培训师。乔伊斯是我有幸遇到过的最富有灵感的老师之一，他能将令人称赞的技能巧妙、灵活地运用到每一个学员身上。

约翰·阿瑟斯

目录

导 论

1. 关于本书 　　　　　　　　　　　　　　　　　001
2. 案例提供者 　　　　　　　　　　　　　　　　011

第1章　何为职场导师

1. 职场导师指导的定义 　　　　　　　　　　　　019
2. 组织领导和管理者 　　　　　　　　　　　　　027
3. 教育机构的从业者和职场导师 　　　　　　　　029
4. 职业和高管辅导老师、咨询师，以及心理治疗师 　　033
5. 指导中出现的问题 　　　　　　　　　　　　　036

第2章　职场导师指导的基本技能

1. 人际沟通技能 　　　　　　　　　　　　　　　041
2. 巧妙提问 　　　　　　　　　　　　　　　　　044
3. 积极倾听 　　　　　　　　　　　　　　　　　052

4. 建立信任 063

5. 自我管理 075

6. 提供建设性意见和结构化反馈 089

7. 其他更多的指导技能 101

第3章 职场导师的指导原则与过程

1. 指导原则 107

2. 指导过程的框架 118

第4章 职场导师指导实践

1. 导师指导中常见的挑战 143

2. 打好基础 144

3. 技术指导和职业技能训练 153

4. 职业态度和动机性访谈 165

5. 专业资格和认证指导 177

6. 对自信心的指导 186

7. 职业转型指导 191

8. 跨文化指导 198

第5章 职场导师培训及机构导师指导计划

1. 职场导师培训及督导　　　　　　　　　　　　　207
2. 机构内导师指导计划概述　　　　　　　　　　　208

参考文献　　　　　　　　　　　　　　　　　　219

致　谢　　　　　　　　　　　　　　　　　　　225

导 论

1. 关于本书

科学、技术、工程和数学等领域的资深从业者,他们都有这样一段历程,事先未接受任何培训,就被推向导师这一角色。即便对于很多训练有素的专家来说,导师这一角色也可能会令人焦虑,让人感到不快,使人倍感压力。我们大多数人都全身心地在做一份工作,所以至今可能没时间也不想去寻求导师的指导。如果你对此也感同身受,那么这本书就是专门写给你看的。本书对职业化培训工作进行介绍的同时,还对其基本技巧、基本原则以及基本流程提供了切实可行的指导,目的是让大家读起来更加轻松——但要注意真正做起来其实没那么容易。

大约20年前,我是一名刚入职的职业导师,当时我做的工作是应用地质科学领域的矿产勘探和政府科学服务方面的培训,工作很忙。如今，回过头来看，我希望我能早点知道本书中讲到的原则、流程和技巧，这些都是我通过接受良好的指导、专业的高管培训以及自我训练，然后通过多年的实践学到的东西。这并不是说之前我遇到过的人际关系问题就不会再有了，这些困难很可能还在。但我知道该如何更好地去应对它们，并处理得更好。本书写的是我自己学习的体会，汇集了各种资料，主题广泛，涵盖了培训和指导、大众心理学和社会科学、传播学和管理学等，内容兼容并蓄，风格独树一帜。书中的内容具有普适性，应用也很广泛。撰写此书的目的是，无论你从事科学、技术或工程等领域中的哪一个分支，希望这些内容都能帮到你。

作为职业科学家和工程师，我们都受益于辉煌的千年学术发展历史。当看到我们的母校在初级培训方面蒸蒸日上时，回想一下你刚毕业的时候是怎样的工作状态，如今的你和刚毕业的学生一起工作又是怎样一番情景。实际上，二者在工作表现上的差距还是出乎我们的意料。虽然刚毕业的学生并不缺乏技术方面的基础知识，但很明显，他们并不具备所需要的所有技能。他们常见的不足表现有：不了解基本技能方面的知识，缺乏批判性思维以及书面和口头沟通技巧，专业态度不够成熟，不理解领导意图和企业文化。所有这些欠缺的知识和技能，我们都笼统地将其归结在"经验"的范畴之下。我们相信，一旦掌握了这些经验，你就能在工作中真正发光发热。如今，尽管

导 论

不乏优秀的研究生职业化培训和丰富的软技能培训课程，但职业经验的积累主要还是一个非正式、临时性、非结构性的过程。事实上，我们在工作中主要是在向同行和前辈学习经验，这就引出了本书的核心问题——帮助我们年轻的同事增长经验，从而成长为专业人士的最佳路径究竟是什么。

人们普遍认为职场导师的指导只是一种在职的、一对一的专业培训，有些人错误地称之为个人辅导，在我看来这种观点是不对的。其实，这种非正式的培训就是英国公务员系统中所谓的"边干边学"。如果你做过导师指导他人或者得到过导师的指导，你会发现不是只有与工作相关的知识才有用，掌握一套特定的人际交往技能也十分必要。如果回顾过去接受过的良好指导，你就会对这些技能有一个大致的了解。也许这些指导曾经激励过你，让你看到了你在工作和生活中真正想做的事情。在以后的生活中，你可能会问自己"这到底是怎么做到的？"

回顾我们自己的过去，每个人都能感受到他人对自己事业发展的影响。向导师学习包含的范围很广，下至无意间偶然学到的、渐进式的有用知识，上至一系列改变人生、影响职业生涯的领悟。作为一名导师，你可以从学员的成功中获得巨大的满足。然而，这种满足是间接的满足。想成为导师最重要的原因就是，你过去从导师那里获得了知识和技能，现在得去回报。

过去 20 年的社会科学研究证实了一个简单的道理，那就是导师指导既有利于学员，也对导师自己有帮助。有人针对不同单位间成功的导师指导进行过深入调查，结果表明，无论是学员还是导师，他们都能拿到更高的薪水，在职业道路上高歌猛进，总体上对自己的职业生涯感到满意。具体情况可参见艾伦（Allen）等人于 2006 年以及霍兰德（Holland）于 2009 年所做的职业倾向调查。

科学、技术、工程和数学教育等单位的领导有责任确保他们手下的员工能够得到良好的培训，好让他们在工作中不出现专业性错误，并积极鼓励专业员工发展自己的职业生涯。虽然正式的培训效果不错，但事实上，许多传统的培训课程花了大量时间却效果不佳。研究表明，培训课程支持下的导师指导能极大地帮助学员掌握所学知识，并将之应用于他们的职业发展中。相关研究可见奥利韦罗（Olivero）等人于 1997 年撰写的著作。

正式的导师指导计划似乎是管理层给出的一种应对措施，其目的是进一步提高和增强指导的效果。然而，尽管组织者的初衷是好的，但这些正式的计划往往没有效果，多半最终不了了之。英国最知名的职业导师之一大卫·克拉特巴克写道：

> 由于评价导师指导计划好坏的标准不一，对效果不佳的导师指导计划所占比例的估计也有很大不同，但较为权

威的估计是,至少40%的导师指导计划不符合以下标准中的一项乃至多项:

- 达到一个明确的商业目的(例如,目标学员群体中选择继续接受培训的比率提高25%及以上);
- 实现大多数学员的个人发展目标;
- 大部分学员都学到了东西;
- 双方(导师和学员)有意愿再次参加导师指导……

(来自克拉特巴克于2011年发表的文章,引用已征得作者同意)

有很多计划一个标准也不满足。那么,我们该如何避免没有效果的导师指导呢?我们都知道,导师指导不仅要提供一些善意的建议,还有别的东西,那么"别的东西"到底是什么呢?自2016年以来,世界著名的学术团体之一——地质学会为导师们举办了一场导师培训研讨会,参与会议的导师都是经验丰富和素质极高的资深地质科学家。作为活动的组织者,我们在活动前就向来参加培训的人询问了他们想要在导师指导中了解哪些东西。结果,我们惊讶地发现,这群经验丰富的科学家(97%)似乎都在未接受任何培训的情况下就被推入导师指导的"深渊"。

绝大多数人(92%)希望了解人际关系方面的导师指导技

巧、指导步骤以及指导内容，而不是像人们所想象的那样，想要了解一些地质学方面的专业指导窍门。参加培训的人中只有36%想要一些通用的导师指导知识。例如，"掌握更多的导师指导技巧，帮助接受导师指导的人充分发挥其潜能""更加清楚地理解导师指导和个人辅导之间的区别"，以及"人际关系方面的指导与专业方面的指导，它们之间的界线（如果有）在哪里"。当被问及有无相关要求时，大约15%的人想要了解如何安排导师指导的流程。例如，导师指导过程中要用到的策略，包括跟学员见面该做什么准备。另外，还有人想得到一些建议，比如，"我应该如何改进或做哪些调整，让学员从我的指导中获益最大"。对许多人来说，主要问题是对自己的指导能力没有信心。有一个人问道："我对学员负有多大的责任？"这个问题道出了很多人的心声。还有一个人有点绝望地说："我不知道自己现在在干什么。"另外还有人说："我发现，有些具有挑战性的行为及问题很难解释和沟通。"这些担忧关乎能否让那些不愿受聘为导师，又不想被委以其他工作的资历尚浅的科学家们愿意从事导师指导工作。他们普遍想学的人际交往技能包括如何处理导师与学员的关系，如何规划时间。比如，在工作本来就很忙的情况下，抽多少时间以及以怎样的方式进行导师指导？

总的看来，问卷调查的回答中充斥着一种挣扎、担忧和沮丧的感觉。现在很明确，从我们所调查的群体来看，大多数成功的地质科学家虽然担任了导师这一角色，但他们并不真正了解应该做什么。之后，在与其他科学和工程专业的同事聊到此事时，他们会很明显地发现这种经历非常普遍。

导师指导工作并不复杂，但也绝非易事。做好导师指导工作无须在书本上花大工夫，但想要让指导有效，遵循一些基本的原则以及训练一些特定的技能是绝对必要的。导师指导中的许多技巧与咨询服务中用到的技巧非常相似，不过这些技巧并不用在心理诊疗上。导师指导的这些技巧牢固地建立在一套职业道德和以客户为中心的方法之上。一些导师在此基础上对这些创意和技巧自行做了改进，因此几乎不需要接受培训就可以掌握。然而，我们中的大多数人还是需要一些指导和实践，以便更好地完成我们职业中的导师指导工作。本书就职场导师的指导工作给大家做了一个介绍。

首先讲到的是，所有导师都要具备的三个基本特征：

- 与学员从事同一专业并具有相关的专业知识和技能；
- 具备或愿意学习建立富有成效的师生关系所需的知识和人际交往技能；
- 有时间且愿意当导师。

后续章节的内容包括：

第 1 章 何为职场导师　这一章介绍了职场导师的定义，对职场导师的工作内容进行了大致描述，比较了职场导师指导与其他学习和培养方式的不同之处。

第 2 章 职场导师指导的基本技能　一名优秀的职场导师不仅是行业中的佼佼者，他也一定会注重五项基本人际交往技能的锻炼：巧妙提问、积极倾听、建立信任、自我管理、提供建设性建议和结构化反馈。前四项技能的应用更为广泛，属于专业和高管培训一整套技能的一部分，而最后一项技能属于专业顾问（如律师和医生）需掌握的技能。最后，本章还简要介绍了导师指导应该具备的其他能力，包括问题解释的能力、提高自我意识的能力、策略设计的能力、直觉运用的能力以及理解领导层问题的能力等。

第 3 章 职场导师的指导原则与过程　本章就如何把握职场导师指导的过程以及降低师生关系出问题的风险给出了可行的建议，解释了五项原则各自的含义及价值：形成自我意识是首要目的、以客户为中心、对自己负责、自我激励、承担道德责任。此外，本章还提出了一个供有时间限制、时间较短的系列师生见面会使用的四段式指导框架：

- 建立关系，师生如何结对；

- 评估、探讨这对师生是否一定应该结对。如果是，他们应对欲实现的目标和实现的方式达成共识；

- 指导课程的开始便是"签订协议"的开始，这种协议涉及指导想要达到的效果以及欲实现的意图，虽不正式但很明确；

- 最后的评价和结业工作重点应关注系列指导见面会所产生的具体效果。

第 4 章 职场导师指导实践 本章谈到了常见的指导实践案例，以及导师在指导过程中遇到的一些挑战。导师须定好基本标准，掌握学员的知识水平、认知技能水平以及喜好的学习风格，然后再进行指导。本章还就专业知识和技术开发方面的指导提供了建议。此外，本章讨论了导师该如何帮助学员取得职业认证资格、管理不良情绪、做好职业转型，以及获得自信等问题。本章还简要地探讨了跨文化环境中导师指导的复杂性问题。

第 5 章 职场导师培训及机构导师指导计划 在由大型辅导培训机构认可的某一个培训项目中进行观摩实践是培养导师指导技能的最佳途径。本章介绍了督导工作，即对导师如何提高指导实践能力进行的指导。本章还勾勒了一个机构性导师指导计划的框架。此框架要求导师接受培训，遵照指导原则，并安排好指导的内容。导师指导计划本质上是在自愿且彼此信任的基础上制订的。

为了使内容更贴近实际，每章都附有案例分析。案例 1 讲述的是一次成功的指导经历，为本书中涵盖的其他要点进行了解释。很多别的案例都是由其他学科的从业者提供的，他们的视角与我作为地质学家的视角不同。他们的贡献在于每个案例都能很好地说明问题，而且非常巧妙贴切。所有素材的提供者都是各自领域的杰出人士，医学领域有伊恩·格雷厄姆（Ian Graham），化学领域有格斯·汉考克（Gus Hancock），科技领域有蒂莫西·布伦德尔（Timothy Brundle）。

每个章节还包括个性化的互动练习，因为大部分学习都是体验式的，来自实践和自我反思。本书最初是作为一本实用的操作手册，供培训工作坊使用。因此，其结构和布局适用于小组培训课程，也适用于个人自学。

本书的结尾部分是**参考文献**，它以尾注的形式提供了文献来源。

图 0-1 是一幅古典建筑的素描图，该图将职场导师指导中涉及的要素以比喻的方式呈现，方便我们更好地理解和记忆。素描图的整个架构建立在一系列指导原则之上，雅致的穹顶象征着指导过程，而支撑穹顶的五根柱子代表着五项基本的指导技能——积极倾听、巧妙提问、建立信任、建议与反馈，以及自我管理，这部分内容会在第 3 章讲到，而指导原则和指导过

程将在第4章中予以介绍。但是，我们首先要了解的是导师指导究竟是什么。下一章节我们就会讲到这个问题。

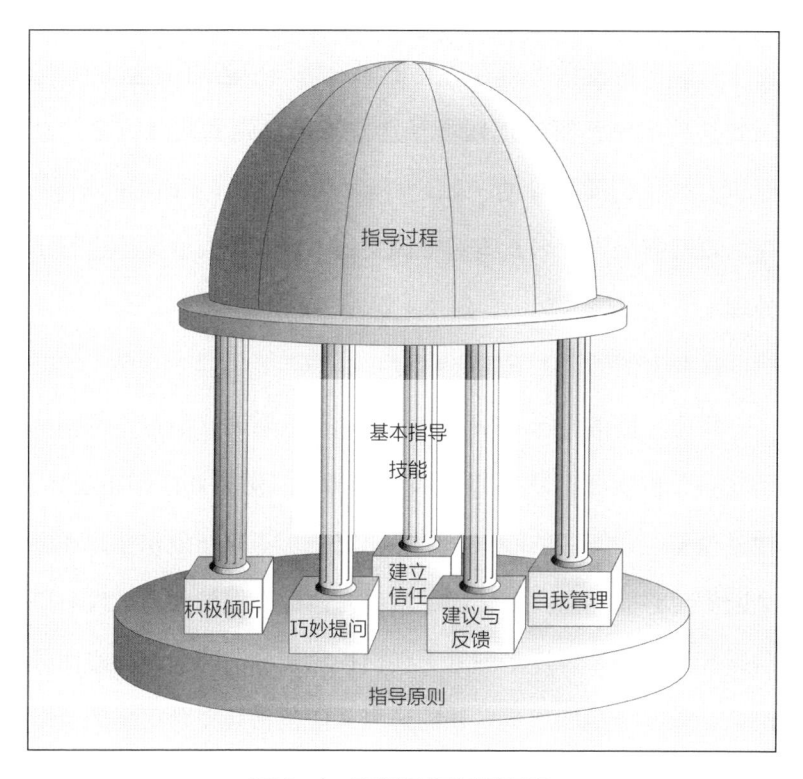

图 0-1 职场导师指导要素

2. 案例提供者

一直以来，交流思想的最好方式就是讲故事。目前，我能给大家分享的只是我在应用地质科学领域的指导经验，对于其他行业的指导，我没有发言权。因此，许多科学、医疗和技术领域的资深从业者都慷慨地分享了他们在职业生涯中的指导案例。他们都是杰出的专家，在各自领域都作出了非凡的贡献。由于每位案例提供者都在各自的职业生涯中运用了这些原则，因此这些案例都很好地阐释了这些指导原则和实践方法。总而言之，他们就指导的一般过程和原则都进行了详细的例释。为了不暴露个人姓名，案例中提及的人名和个人情况均进行了处理。

提供案例的有以下几位：

伊恩·格雷厄姆（Ian Graham）：心血管医学教授，都柏林圣三一学院院士，欧洲心脏病学会秘书。伊恩如今即将退休，他是爱尔兰最知名的心脏病学专家之一，不仅在爱尔兰，在整个欧洲也享有盛名。他曾周游世界，向医疗保健人员教授心脏病学知识，还去过许多国家为他们提供指导。作为欧洲心血管圆桌会议工作组的成员，他的研究方向包括心血管疾病的预防及传播问题。其职业态度、智慧、同情心和奉献精神使他能够担此重任。

格斯·汉考克：化学教授，前牛津大学物理化学和理论化学实验室主任，牛津大学三一学院荣誉院士。格斯以其众多关于激光的调查研究而闻名，这些研究涵盖了气体动力学、能量转移、反应动力学、光化学和医学诊断等领域。他曾荣获反应动力学奖、化学动力学奖、英国皇家化学学会的科尔代和波兰尼奖章,以及 2000 年环境科学技术奖。虽然这个世界上并不缺少天赋异禀的科学家和杰出的学者,但格斯是我所认识的人中头脑最聪明、表达最清晰、心地最善良的一位学者。

蒂莫西·布伦德尔:阿尔斯特大学影响研究所的主任,他是阿尔斯特大学的一名行政领导,负责该校研究策略的制定、学校治理及行政管理等工作。他通过知识转化和知识产权的商业化来提升学校的影响力。他同时还是阿尔斯特大学一家获奖的风险投资公司——创新阿尔斯特有限公司的首席执行官。蒂莫西对研究和创新的深刻理解源于他对创新者的浓厚兴趣,以及他充沛的精力、执着的热情和乐观的心态。

案例 1　一位地质学专业的毕业生学会了独立思考

(约翰·阿瑟斯)

2004 年,一家矿业公司聘我为顾问,绘制一幅赞比亚东部一个偏远地区的地质构造图,那里有可能发现铜矿和金矿。地质构造图在勘测中是用来解释和帮助理解地质理论的,而这些理论可用于该地区的矿床定位,这比地形测量要复杂得多。除了识别露头的岩石并标绘其位置外,地质勘测还要求地质学家推断土壤覆盖下的岩层之间边界的性质和位置,建立地质结构的概念性模型,用以演示该地区潜在矿床形成的物理和化学过程。这次要我绘制的地质模型将用于确定在适当的时候进行钻孔的勘探目标。

该地区是无人居住的林地热带草原地区，有包括受野生动物攻击在内的各种风险。这家矿业公司请了两位当地的猎人做向导，还有一位刚毕业的地质学专业的学生担任现场助理。工作的同时我还负责对这个助理进行培训。他叫伊曼纽尔（Emanuel），他工作认真、做事专心，而且善于倾听。他擅长识别手标本[1]中的岩石和矿物，能标出岩石露头的位置。相处一段时间后我才意识到，在某些方面我们似乎合作得不太顺利。当问他一个需要通过观察才能得出结论的问题时，他会感到局促不安，无所适从，要么鹦鹉学舌似的重复我之前说的话，要么胡扯一些关系不大的理论。几天过后，我开始暗自怀疑伊曼纽尔是否能够独立进行地质调查。

我们在一起时，伊曼纽尔总是对我彬彬有礼，恭敬有加。我知道他把我当作"穆达拉"（Mudalla），这是本巴语中对年迈的智者的一种尊称。一天晚上，晚饭后我们惬意地坐在篝火旁，我跟他说可否问他一个敏感话题，并向他保证自己一定会保密。征得他的同意后，我说："在我的国家，我们会根据学生提出的

---

[1] 在野外自己使用榔头等工具敲下来的标本，是拿在手上用肉眼看的。——编者注

导 论

问题来了解他的兴趣,以此来评估他的发展潜力,我注意到你没有问我任何有关田野工作的问题,你能告诉我你为什么不问吗?"他的眼睛看向别处,不安地挪动着身体,显然这个问题对他来说很难回答。我静静地等着,心想,一番交流后,他一定会完全信任我。他一开始说得很慢,后来干脆一股脑地告诉我,在他读大学时,提问被认为是不礼貌的,或者说是愚蠢的,人们会觉得这要么是在挑战老师的权威,要么是在展露自己的无知。提问题的学生很可能会被扣分。站在我的角度思考,伊曼纽尔只是认为自己还太稚嫩了,还不足以提问,那时,想必他是在担心自己的工作,乃至今后的整个职业生涯。显然,他对我袒露心声是需要极大的勇气的,除了愿意相信我,他还要有极强的求知欲。

伊曼纽尔袒露心声后,我们双方都松了一口气,接下来该如何做就很清楚了。我跟他说,参与技术讨论对他的职业发展至关重要。我向他保证,不存在什么愚蠢的问题。我还教他如何提问才不失礼貌。从那之后,他便没了顾虑,不仅很快学会了如何向我提问,更重要的是,他学会了如何问我们正在收集的数据。很快,我就可以让他独立去进行地质路线勘测了。通过这一阶段的调查,在一条地质路线上,他发现了第一个铜矿。尽管伊曼纽尔取得了成功,但事实证明,这一勘探计划在经济层面行不通,最终公司放弃了该计划。随后,他获得了资助,在南非一所有名的大学学习，并以优异的成绩毕业。我最后一次听到他的消息时，他已经是世界上最大的矿业公司之一的分区经理了。他是一颗冉冉升起的新星，并凭自己的能力成了一名导师。

伊曼纽尔的成功完全是靠他自己，我没什么功劳。我的介入不过是起了推动作用，帮助他更快地成长而已。事后看来，这一过程可以大致分成四步：

- 创造相互信任和彼此尊重的发展条件；
- 倾听伊曼纽尔说话并关注他的行为；
- 向他询问一个简单却有震撼力的问题，从他的答案中获得洞察；
- 讨论技术问题，鼓励伊曼纽尔保持好奇心。

练习1　准备工作

如果我们事先确定好自己想要了解的问题以及解决这一问题的技巧，然后在特定的环境中加以运用，那么我们学习的效率就会提高，学习的满足感也会提升。然后，我们在看书时，时刻记得把学习的目标作为阅读的重点，并以此为起点进行有效的反思和进一步的学习。

- 想想身边有没有一个或更多较年轻的专业从事者，你可以联系他们，为他们的职业发展提供支持。

- 你对他们的职业发展需求了解多少？
- 你可以通过哪些方式为他们提供良好的专业支持？
- 在为职业发展提供支持方面，你最关心哪些问题？
- 通过阅读本书，你最想学到哪三样东西？

第 1 章

何为职场导师

1. 职场导师指导的定义

导师指导可以算得上是最古老的成人教育形式之一。从史前时代到现在，职场导师指导最有效的表现形式就是讲故事。我们都听说过神话传说，其中总有这么一个角色，他会为主人公贡献知识和智慧。讲故事的人旨在让我们站在主人公的角度，从中吸取教训。西方文化里有帕拉斯·雅典娜（Pallas Athene）、梅林（Merlin）、仙女教母、甘道夫（Gandalf）和欧比－旺·克诺比（Obi-Wan Kenobi）等广为人知的传奇式导师。非洲和亚洲丰富多彩的文化里也有类似的人物，在他们的传说和故事中扮演着完全相同的导师角色。事实上，所谓的传奇式导师是一个集智慧、经验、知识和判断力于一体的人。虽然这些也是科学、工程等领域中的优秀职场导师该具备的特质，但对我们大多数人来说，这些特质只是一种不懈追求却无法企及的理想。

词典中对"导师"的定义是"经验丰富、值得信赖的顾问"[《牛津简明英语词典》（*Concise Oxford Dictionary*），1964年版]。在希腊神话中，英雄奥德修斯（Odysseus）在他未亲自参战的特洛伊战争期间，委托其原来的导师训练他儿子忒勒马科斯（Telemachus）。我们大多数人都知道"导师"（mentor）和"导师指导"（mentoring）这两个词的意思，但除了基本的概念，我们所有人对这两个词的理解都是一样的吗？事实上，几个世纪以来，这些词已经有了不同的含义。导师指导的含义正不断扩大，其范围涵盖了整个学习和培养活动。也许，大家除了对传奇式导师所具备的独特特质和作用认识一致外，对于什么是职场导师抑或什么不是职场导师看法不一。抱着帮助职场导师改进其指导工作这一现实目的来对"职场导师"这个词进行定义，并与其他相关的工作做一些区分，将对导师指导工作有很大帮助。

世界上知名的人力资源专业机构——英国特许人事发展协会对职场导师指导是这样定义的：

> 职场上的导师指导通常表现为一种同事关系，在这种关系中，老员工会更多地将知识或经验分享给新员工，以支持他们的发展。导师指导要具备提问、倾听、澄清和重

构的技能。虽然这些技能也与个人辅导有关，但一个很重要的区别是，职场导师指导中的师生关系往往比个人辅导中的师生关系维持的时间更长。（2020年伦敦；经出版商英国特许人事发展协会许可）

"个人辅导"（coaching）一词为现代用法，指的是高管辅导和专业个人辅导，有时会引起混淆（下文对个人辅导、导师指导和辅导的区别进行了说明）。

实际上，职场导师承担以下四种职能中的几个或全部职能：

技术指导：当我们想要了解专业实践所需的一些科学、技术或工程的知识和技能时，我们可能会向资历深的同事寻求帮助，因为他是这一领域的专家。例如，医院里从事外科工作的人员需要高级外科医生对他们进行培训，因为这些医生对一些特定步骤中的操作细节非常熟悉；工程科技公司经常会聘请资深专家对他们的员工进行培训，教授他们专业技术知识。有效的技术指导要求导师不只是告诉人们工作的内容，还要求导师掌握一些教学技能，因此导师也是老师或者教员。然而，经验老到、技术娴熟的导师会避免长篇累牍式的说教，而是使用英国特许人士发展协会提到的提问、倾听、澄清和重构等一些主要技巧。

这在英国特许人事发展协会对导师指导的定义中提到过。师生两人讨论的范围可能会从技术方面不断扩大，这样一来，他们就会建立一种包括其他方面的指导在内的更长期的关系。

职业指导：当我们在职业生涯中面临抉择时，我们可能会向资历较深的同事寻求帮助，这个人通常是我们已经建立了专业联系的人，而且我们早就知道他的专业知识和经验值得信任。我们可能会寻求一些详细的信息和建议，这些信息和建议可能是有关晋升策略的讨论或工作绩效的反馈，也可能是有关如何在不同组织、机构和部门进行工作的一般性指导。在这种情况下，导师无法完全知道什么是对别人最有帮助的，因而有必要采取谨慎、非指令性的方法进行指导（参见第 2 章第 5、6 节）。

生存指导：没有人的职业生涯是一帆风顺的。导师有更加丰富的阅历，可以向学员提供情感和精神上的支持。事实上，这种支持是同事关系的核心，它以工作中形成的同事情谊、相互接纳、彼此认可和互相信任为基础（参见第 2 章第 4 节）。英国特许人事发展协会提到了导师指导和个人辅导的相似之处。不同的作者对各种不同的个人辅导进行了全面的描述，其中包括履职能力、职业发展、职业技能以及领导能力等不同的个人辅导类型。在以上所列类型的基础上，约翰·利里-乔伊斯于 2016 年从另一个层次新增了"生存能力辅导"这一个人辅导类型，该个人辅导类型要解决的是个人身份和个人目标方面的深层次问题。对于导师来说，重要的是要认识到所有这些类型的辅导和指导都涉及敏感领域，容易犯具有破坏性的错误，也容易毁了一段关系。在这种情况下，引导学员接受相关领域专家的专业性指导可能会更有效。

榜样示范：由于导师与学员同属一个领域且导师为这一领域的专家，导师很自然地为学员提供了一个可以学习的榜样。当遇到之前谈到过的情况时，学员会很自然地想，"导师在这种情况下会怎么做，我现在也该这么做"。因为导师长时间对学员进行指导，会给学员灌输与其一样的职业价值观。理想状态下，导师指导应该能激发人的热情，让人对未来充满期望。热情永远是最好的老师，蒂莫西的故事（参见案例 2）就是一个鼓舞人心的例子，它阐释了榜样是如何在导师指导中发挥作用的。第 4 章将讨论导师在履行这些一般职能时，面临的一些典型问题和解决方法。

谈到导师指导和培养关系的一般运作方式时，墨菲（Murphy）和克拉姆（Kram）于 2014 年对导师指导作用的多样性进行了更为详细的阐述。他们建议，学员不能光有一个导师，应该创建一个"培养网络",即一个为单个个体提供帮助的信息群。为了创建这样一个网络,他们的老板可以想出一些办法并提供相关支持。

案例2　榜样的力量:明天属于有准备的人

(蒂莫西·布伦德尔)

"明天属于有准备的人",这是大卫·鲍伊(David Bowie)为宣传其专辑《英雄》(*Heroes*)所设计的口号。这句口号巧妙地体现了他最突出的天赋之一:感知未来,并将其引入当下的流行文化。有时他会把握潮流,但更多的时候,是他自我再造的艺术技巧开启了新的文化表达方式,或带来了更深层次的社会变革。一名优秀的导师能够实现自我再造。

在北爱尔兰长大的我,更想活在未来,而不是过去。我开始着迷于人与技术之间的关系,逐渐认识到技术是实现人类成就的一种手段,科学研究和科学实验对社会进步起着关键作用,是社会进步的基础。

我学习过科学、哲学和经济学,为了让自己能留在大学,我找了一份帮人拎包的工作。那时,政府请欧内斯特·香农(Ernest Shannon)教授在北爱尔兰建立一座科学园,也就是我们现在的科学院。他是我的朋友,也是我的第一位导师。他教会了我很多东西,但最重要的一点是:创新与人有关,与技术关系不大。

欧内斯特教授当过工程师、发明家和政府科学顾问,他在2011年去世。他出生于北贝尔法斯特,做过学徒,后来在贝尔法斯特女王大学接受教育。他领导了一个由350名英国天然气工程师组成的团队,研制了"管道调查仪表",简称为"PIGS"。20世纪70年代,世界各地的天然气管道均存在问题,从而导致管道破裂、爆炸,并造成了相当大的环境破坏。这些管道调查仪表在英国长达1万英里[①]的管道中快速移动,为欧内斯特教授的工程团队收集数据,以发现管道潜在的问题。与此同时,对于詹姆斯·邦德(James Bond)系列电影的制片人来说,管道调查仪表作为一种技术装置出现在电影情节里很有用,也很合适,它可以让传奇特工詹姆斯·邦德和他的同伙顺利穿越边境而不被人发现。

为了让大家能坐在一起相互交流,欧内斯特鼓励我在北爱尔兰筹备创新大会。我写信给一大群人,问他们是否愿意发言,希望有兴趣发言的人能带动大家来参会。其中,作家道格拉斯·亚当斯(Douglas Adams)表示自己愿意发言。

道格拉斯在贝尔法斯特机场下了飞机。他刚才去了苹果公司,与乔纳森·伊夫(Jonny Ive)和史蒂夫·乔布斯(Steve Jobs)

---

① 1英里约等于1609米。——编者注

在一起。他说苹果公司很快就会成为世界上最有影响力的公司之一。在他看来,乔纳森的设计理念极其关注技术爱好者的需求,围绕他们的需求和愿望来优化用户使用体验,并有针对性地解决每一个问题。

最后,道格拉斯讲述了一则爱尔兰麋鹿的警世故事。把"Megaloceros"叫成爱尔兰麋鹿是错的,这种鹿既不是只有爱尔兰才有,也不是麋鹿,而是一种已经灭绝的巨型鹿,是有史以来最大的鹿类物种,其肩部宽超过2米,鹿角长达4米。爱尔兰麋鹿是从100万年前的冰河时期进化而来的,遍布欧洲、北亚和非洲。之所以沿用"爱尔兰麋鹿"这个名字,是因为保存完好的巨型鹿化石在爱尔兰的泥炭沼泽中尤为常见。人们认为,爱尔兰麋鹿之所以最终走向灭绝,是因为鹿角长得太大,导致它无法进行交配。因此,道格拉斯得出了这样的结论,麋鹿开始朝着鹿角不断变大这一不可逆转的轨迹进化,这最终导致了它的灭绝。他敦促与会者不要沿着过去的轨迹发展,因为技术世界很快就会改变原有的发展轨迹。要像苹果公司那样,改变思维、重塑自我。

我和欧内斯特在贝尔法斯特码头一个泥泞的移动船舱里喝了很长时间的茶,在想如何推动和协调该地区积极从事研发,以及整合可能支持建设欧洲最大科学园计划的那些人的利益。与他喝茶交谈期间,我懂得了三个道理:第一,创新不是凭空产生的,也不是靠一己之力,而是通过合作实现的;第二,在一个缺乏实践文化的环境中，如果人人都畏于承担风险，那创新也无法持久；第三，大学的作用很大，新技术在大学的研究基础上创造而来，大学里教授的技能又能使技术创造价值。科学园获得了成功，欧内斯特做的很多工作也都获得了成功。我认为，他的价值和理念不只体现在一些小事上，而是深深植根于北爱尔兰以知识为基础的精神里。

2. 组织领导和管理者

要界定什么是导师指导很难，但要说清楚什么不是导师指导实际上很容易。那么，我们该怎么划界呢？

管理者最基本的职责是制订计划、寻找资源、发布指令，目的是维护其所在组织的稳定，壮大其所在组织的实力。"指令"一词有双重含义，既指发号施令，又指教人做事。那些收到指令的人不仅要知道该做什么，还要明白怎么做。在实际工作中，管理者根据他们管理对象的不同，采取命令与控制、咨询和教导等各种不同的管理方式。那么，管理和导师指导之间的区别又在哪里呢？

关于导师指导的定义，很常用的一个是：

> 一个人对另一个人进行的离线帮助，旨在让其在知

识、工作或思想方面实现重大转变。[麦金森（Megginson）等，2006年]

这里说的"离线"（off-line）指的是对学员不负有直接管理责任的人。这一定义突出了管理和导师指导在功能上的区别。管理者对他所领导的组织负有主要责任，而导师主要是对个别学员负责，如果将这两种角色混为一谈，可能会导致利益冲突。例如，一名负责裁员工作的领导，如何做到既履行工作职责，又关照面临下岗风险的学员？

职场导师指导工作旨在助力年轻专业人员的职业生涯发展，是一项针对个人的职业发展活动。所有的科学家和工程师必须对自己的行为和观点负责，这是他们从事专业工作的一个基本要求。因此，管理者有责任下达命令，但导师不应该命令或指示学员做某事，因为这会影响学员承担自己的职业责任。因此，当下的个人辅导和导师指导**基本上是非指令性的，起的是一种促进作用**（参见第3章第1节）。

在所谓的帮扶指导中，常见的一种形式是资历较老的人提携新人。为促进学员的职业发展，积极地给予他们一些实际帮助。这些帮助虽然没什么原则性错误，但要避免出现道德问题。例如，如果一家公司的董事长只给自己的弟子而不给其他同级的员工提供发展机会，别人就会指控他徇私舞弊。如果这位董事长在提拔自己的弟子时暗中寻求某种个人利益,比如在退休后被高薪聘为顾问,那么就跨越了道德界限。师生关系不仅要履行关心关爱的职责,还必须承担伦理责任。

3. 教育机构的从业者和职场导师

我们对学习者做一个本质上的区分,一类是接受中等教育的未成年人,另一类是接受高等教育和职业继续教育的成年人。对于未成年学习者,我们希望由学校教师负责对他们进行培养[专业上叫作"普通教育"(pedagogy)]。相反,对于成年学习者,我们希望他们对自己的成长和发展负责[专业上叫作"成人教育"(andragogy)]。这意味着,成人教育要获得成功,学习者必须自己主动想学。这也意味着,(特别是)在职的成人学习者必须具备独立思考的基本技能。这些技能最好通过角色示范和非指令性的导师指导来获得(参见第2章第5节)。

我们这些读完中学,直接进入大学接受高等教育的人经历了从未成年人学习者到成人学习者的转变。大学聘有学习导师(tutor)和课程教师(lecturer)为学生讲授结构化的课程,课程内容需要学生自学得以拓展。从那些优秀的老师那里,我们学到了不同职业所特有的基础知识、思维模式和具体做法。最重要的是,我们学会了自学的方法,懂得了学习是为了自己而不是为了别人这样一个道理。一些学习导师和学习督导（supervisor）一直在对我们个人和职业的发展方面提供充分的帮助，他们可以被视为真正意义上的职场导师。以我自己为例，我的一位导师帮我找到了第一份工作，这对他个人并没有任何好处，也不属于他合同上的义务，完全是出于对我个人的关心，当时他对其他学生也是如此。

因此，成人接受教育必须是一种自愿的行为。职场导师的工作主要是为学员提供帮助，而不是对他们指手画脚、发号施令。我们不能强迫别人接受指导。事实上，自我激励是一种职业基本素养。然而，很多成人学习者并不一定事先就知道自己要学些什么，因此通常他们需要一些指导。我们可以对正式的成人教育中的课程教师和学习导师进行区分，课程教师是通过讲课来传授专业知识，而学习导师（也叫学习督导）则是就该学些什么内容为学生提供建议。优秀的导师之所以能获得认可，是因为他们指导有方，对学生能够予以关心，这样的导师才算得上称职。自愿是导师指导的本质属性，这也是学习导师和范围更广的职场导师的细微区别之处。职场导师的工作只有在双方都同意的情况下才能进行。相比之下，很少有学习导师可以拒绝指导经过大学录取程序而分配给他们的学生。

为维护其专业地位，无论是专业机构还是学术团体，他们都要求自己的研究生在工作岗位上表现一流，不给单位领导和客户惹麻烦。因此，一流的表现要通过学员不断的自我激励，在持续的专业发展中得以实现。一些较大的科学、工程和技术公司为帮助员工实现专业发展而制订了规范的培训计划，这种做法现在很常见。负责实施这些培训计划的人通常是单位里的资深员工，如**培训主管**、**学习导师**或者是**教学主管**等。这些培训主管除了对他们的老板负有实质性的专业责任外，还要就胜任专业岗位应该掌握哪些知识向学员提供建议。与大学里的学习导师一样，培训主管也可以从事导师指导工作。

如果你承担了培训主管这一工作，你可能会担心你该提供多少指导或培训，以及该如何去进行这些培训和指导，还会担心你是否具备所需的知识和技能。请记住，作为培训主管，你的职责是引导学员而不是指导学员。如果培训计划需要你做一些指导，那么这是你的分外之事。如果你面对的是一个拒绝接受培训的学员，那么真正的问题不是如何培训他们，而是了解是什么让他们不想为自己而学习？他们为什么缺乏学习的动力？这些问题将在后面的章节讨论（参见第4章第4节）。

许多经验不足的导师认为，给学员提供尽可能多的信息，学员就能得到最好的培养。比如他们会对学员说，"这是一份清单，上面有你必须要看的80篇期刊论文和5本教材"；或者就学员不经意提出的问题即兴讲20分钟的课，这只会让学员感到不知所措。出于尽可能提供最大帮助的愿望，经验不足的职场导师和学习导师最常犯的错误之一便是"资料倾倒"(data dumping)。反思一下之前的经历，我们会发现，帮助那些聪明而又善于自我激励的人自己领悟一些东西总是比填鸭式教育更有效。时下的导师指导要尽量避免发号施令。

你可以通过设置学习任务和开展后续的提问、讨论和辩论活动来帮助学员，这是很好的办法，而不是简单地向他们提供信息。在这种情况下，职场导师的作用和我们传统大学里的学习导师差不多。这个问题将在后面的章节予以进一步讨论（参见第 2 章第 4 节）。表 1-1 归纳了大学老师和学习导师之间的主要区别。

表 1-1　大学老师与学习导师的主要区别

教员、培训师、课程教师	学习导师、学习督导
正规的培训是围绕预先规定的知识领域进行的	本职工作是指导学员学习他需要学习的专题，可能包括对小组的结构化辅导
确定受训人员在该领域需要了解的内容，并给予适当的指导	教学内容通常是非结构化的，根据学员的需要临时决定
按惯例，培训是一系列结构化的课程或讲座，以系统的方式提供信息	引导或建议他们主动寻找信息，还要组织讨论和辩论
课程可以包括练习和讨论	帮助学员自己解决问题
授课的对象是大大小小的团组，师生间的个人关系没那么重要	一对一指导或是小组指导，师生间的个人关系体现得更为重要

4. 职业和高管辅导老师、咨询师，以及心理治疗师

无论职业辅导还是高管辅导都可以简单地归类为"个人辅导"（coaching），它是商业和专业领域的一种现代学习和发展实践方式。如今，从事这一职业的都是合格的从业人员，对他们来说，这本身就是一种职业，而且大多数人都没有固定单位，他们只是以短期合同的形式加入某个单位。一些较大的单位会聘请内部辅导老师，与外部辅导老师工作性质一样，但他们做事完全是为了自己单位员工的利益。在过去的十多年里，MBA课程中增加了辅导模块，单位领导将辅导作为一种管理工具这一趋势也随之出现。"边干边学"这种针对技术和程序问题的非正式培训在习惯上也叫作"个人辅导"，这让人困惑。我们应该将这种非正式的指导与现代的专业辅导和高管辅导区分开来。

英国特许人事发展协会对"个人辅导"的描述如下：

> 个人辅导的目标是改进工作，以达到最佳工作效率。尽管它也可能对每个人的个人特质——如社会交往能力或自信心——产生影响，但它的侧重点是特定技能和目标的培养。辅导过程通常会持续一段确定的时间，它是形成持续管理风格的基础。尽管从事辅导工作的专业人士对组织内个人辅导的定义看法不一，但他们普遍认同其中一些特征：

- 本质上是一种非指令性的形式；
- 侧重于助力个人发展并提高个人工作能力；
- 可能涉及个性培养，但重点关注工作表现的提升；
- 辅导活动既有单位的目标，也有个人的目标；
- 它为人们提供了更好地评估自己的优势和发展领域的机会；
- 这是一项技术活，应由受过培训的人来做，他们可以是部门经理或其他接受过相关技能培训的人员。

（引自英国特许人事发展协会）

时下新的职场导师指导是从职业辅导和高管辅导发展而来的，因而采用了与它们类似的模式和技能。**职场导师指导是高管辅导的一种专门类型，导师在学员期望学习的领域经验丰富。**职场导师指导和个人辅导都遵循一套独特的原则，那就是以客户为中心、包容开放、自我负责、相互信任、保守秘密，以及讲究技巧。表1-2对职场导师指导和高管辅导进行了比较。

表1-2 职场导师指导和高管辅导之间的主要区别

职场导师指导	高管辅导
导师指导由专业人士来负责，导师必须具有学员所在领域的丰富经验	高管辅导不是客户所在领域的专家

续表

职场导师指导	高管辅导
指导并不是导师的主业	个人辅导本身就是一种职业实践活动
对个人问题和工作问题采取非指令性方法，但对技术问题，如果采取非指令性方法行不通，则可采取指令性方法	完全采取非指令性方法，而且仅限于非技术性事项的指导
旨在对技术方面进行指导或者提供建议，尽量采取非指令性方法	旨在采用非指令性方法来引导、探索和促进客户对职业或者个人问题的思考
关系通常更持久，不一定受内容或时间的限制	辅导关系仅建立在一系列的课程中，课程持续几个星期或几个月，目的是解决一个问题
好的指导需要有像高管辅导那样清晰的、经双方同意的内容	需要专业辅导老师来组织课程，以达成约定的效果
导师通常与学员从事相同或相关的职业，并且通常在同一单位工作	高管辅导通常为非本单位人员，单位通过签订协议引进他们来对特定员工进行辅导

虽然职场上的个人辅导采用的原则和技巧源于咨询服务和心理治疗，但我们有必要将它们明确地区分开来。**咨询师**这个职业是专门帮助解决个人和情感问题的，心理治疗师不是通过医学干预，而是通过心理治疗或谈话治疗来治疗精神疾病。**职场导师和辅导老师没有接受过治疗精神或情绪障碍的培训，因此不应该做此尝试。**实际上，如有需要，他们有责任将学员介

绍给对口的专家进行处理。

5. 指导中出现的问题

通过提前预判可能出错的地方，可以让我们避免错误的发生，从而改进自己的工作。有句老话说得好："没有教不会的学生，只有教不好的老师。"这句话虽然有些片面，但它确实蕴含着些许道理，因为只有导师才有指导的经验和权利，学生没有，所以遇到困难时，我们首先应该在导师的指导下寻求解决办法。

大多数导师和学员的关系基本算是良好的，但也不乏一些不好的例子。我们所说的"不好"是指他们没有达到预期的目标。克拉特巴克曾于2011年算过，40%的指导计划以失败告终，虽然其中一些是因为管理上出了问题，比如单位不支持、导师时间不足等，但其余均因师生关系不好所致。

伊比（Eby）等人在2000年曾对2项大型高管培养计划中学员的负面体验进行过调查。在240名学员中，有84人表示在师生关系上至少存在一种负面体验，也就是说有过负面体验的人占到了总数的35%，这与克拉特巴克的研究认为有40%的指导计划是不成功的这一估计相差不大。通过对学员168次负面体验的描述进行分析，我们可以确定导师所表现出的5类错误行为。第一类，也就是问题最多的一类是价值观、工作风格或性格与学员不一致（占27%）。第二类是导师存在疏离学员的行为，包括不理睬、专注于自我和故意排斥等行为（占24%）。第三类属于控制行为，包括滥用职权、专横跋扈、居功自傲和热衷办公室政治。第四类则是因缺乏专业知识，导师不善于处理人际关系，技术上的指导也很吃力。第五类是一般性问题，包括态度问题和个人问题。总的来说，导师出现上述行为是非常不妥的。以上问题至少清楚地说明了进行导师培训的必要性，以及自愿、共同协商原则在师生结对中的重要性。

不太严重的指导问题是非常普遍的，可以通过自己犯过的错误以及在培训中观察同事和导师犯过的错误来证明。就个人而言，一个错误可能不算什么，师生关系可能不会因此永久破裂。然而，如果我们反复犯这些错误，当错误越积越多时，导师指导工作就会受到损害，师生关系将最终破裂。一些常见错误是由以下因素所致：

- 沟通不畅是大多数问题的根源，揣测别人知道什么和不知道什么很容易造成沟通不畅。同样，在指导过程中，无论导师是含糊其词还是开门见山，抑或长篇大论，都会给人以错觉，让学员觉得导师的表达已足够精确完整，误以为自己理解了。

- 以己度人指的是导师凭着经验进行指导。比如，像

"如果我是你,我会……"这样的话不仅对指导工作毫无用处,而且很可能会极大地误导学员,因为所有人都是独一无二的,每个人都有不同的个人经历。

● 骄傲自满可能会让导师认为,学员遇到的问题已经有了清晰的解决方案。这可能会使导师看不见导致问题出现的特殊因素,而不对所有的问题进行充分调查。

● 过于自信可能会让导师误认为自己比实际懂得多。事实上,具备相关的知识和经验是非常必要的,但如果没有,那就坦白承认自己知识和经验有限,这一点也很重要。

● 认知偏见和情感盲点本质上是无意识的,但一直都存在,而且各有各的不同。多贝利(Dobelli)于 2013 年介绍了超过 99 种的认知偏见,还有人认为远不止这些。这种偏见会因自我意识的缺乏和思维的不精确而加剧,以至于导师无意识中的偏见可能会施加在学员身上。

我们都知道导师指导是双向行为,显然,学员的行为也会存在问题。但是,如果双方严守事先的约定,并允许追究学员的责任(参见第 3 章第 2 节),那么导师就有义务如实地反馈学员的不当行为(参见第 2 章第 6 节)。

导师可以通过以下方式避免让师生关系陷入僵局:

- 学习并运用基本的指导技能（参见第 2 章）；
- 坚持指导原则（参见第 3 章第 1 节）；
- 构建指导过程（参见第 3 章第 2 节）。

练习 2　回想一下你自己曾经的导师

尽可能多地列出那些在你人生的不同阶段参与你个人和职业发展的人——不仅是职场导师和辅导老师，还有父母、亲戚、顾问、教员等。

重点回忆两个给你带来积极影响的人：

人员 1——姓名或其身份信息

- 他做了什么，为什么会对你有如此大的影响力？
- 他是如何传播学问、知识或技能的，为什么这种方法如此有效？
- 在那次效果良好的指导中，你学到了什么？

人员 2——姓名或其身份信息

- 他为你做了什么，为什么对你的影响如此之大？
- 他又是如何传播学问、知识或技能的，为什么这种方式或手段如此有效？

- 在那次效果良好的指导中,你学到了什么?

试想有这么一个人,他想办法影响你或者教导你,但没能成功,或者说没有效果。

注意:这样做的目的是理解指导过程中出现的错误,从而避免自己犯同样的错误。

如果这部分的练习让你感到过于沮丧或生气,那就不要总回顾它。

人员3——姓名或其身份信息

- 他做了什么,对你有什么影响?
- 是什么让他的做法没有起到效果?
- 在你自己的指导实践中,你学会了哪些事情不能做?
- 在你自己的职业生涯中,你从那些没有效果的指导中悟到了什么?

第 2 章

职场导师指导的基本技能

1. 人际沟通技能

无论是专业学者、学术团体还是专业协会,他们都有一套在自身领域广为接受的行业标准。一般而言,在科学、工程和技术等领域,我们将各种知识、技能和实践划归为两类能力——技术能力和专业能力。

(1)技术能力包括掌握该学科中的技术、知识、思维技能和实践能力。我们在大学时期以及之后的专业发展(继续教育)中,从教科书、讲座、个别指导、实践课、实验室、工作坊、培训班以及见习、实习中学到的所有东西都属于技术能力。这类能力还可以进一步划分为:

认知能力:获取和运用专业知识的能力。例如,医生了解人体解剖学，化学家了解元素之间的相互作用，地质学家重构当地的地质史，土木工程师了解建筑的设计原则等。

实践和操控能力：例如，护理人员知道如何疗伤，化学家懂得实验室仪器的使用，建筑师拥有对未来建筑的构想，测量员精通地图绘制，软件工程师擅长使用编码语言等。

（2）**专业能力**是技术能力得以有效运用所必需的能力。这包括与客户、同事以及所有在工作中有利害关系的人进行有效互动的能力，还可能包括一些交叉领域的具体能力，如法律、健康、安全和环境管理方面的实践能力。遵守职业道德和行为规范是所有职业对从业者提出的基本要求。就导师指导来说，最重要的专业能力其实是沟通能力。沟通能力本身涵盖的范围很广，包括写作、演讲和人际交往能力。对个体从业者来说，交际能力如何，取决于他们的天赋及其所选择的职业路径。

高质量的导师指导本身就是专业能力的一种体现。它是导师自身的技术能力与一套特定的人际沟通技能的最佳组合，可以助力与自己同一专业的同事更好地成长与发展。

目前，主要的个人辅导和导师指导协会有：英国个人辅导协会（成立于2020年）、国际个人辅导联合会（成立于2020年）

第 2 章 职场导师指导的基本技能

和欧洲职场导师辅导与个人辅导协会（成立于 2020 年）。除了推动个人辅导和职场导师指导工作，协会还负责制定工作标准，对培训机构进行认定，对继续教育机构进行监管等工作。与所有其他行业的专业协会一样，个人辅导和导师指导协会要求其成员必须具备一套特有的能力体系。理想情况下，每一位在科学、技术和工程等领域工作的导师都应该接受指导技能和实践能力方面的培训。在英国和爱尔兰，从事导师指导工作的人员至少要达到认证辅导老师的水平，或者在其他国家达到类似级别的水平。

个人辅导机构要求从事辅导工作的人员具备各种能力，这些能力都适用于导师指导工作。其中一些能力的确是必不可少的。然而，个人辅导老师接受培训的目的虽然不是学会给学员提建议，但导师有时候必须给学员提建议。因此，导师指导技能是个人辅导技能与提供建议和指导的技能的有机结合。虽然导师指导技能涉及的范围很广，但对刚接触这一工作的导师，我们提出以下 5 种必不可少的人际交往技能：

- 巧妙提问；
- 积极倾听；
- 建立信任；
- 自我管理；

- 提供建设性建议和结构化反馈。

很明显，以上各种技能相互依赖，必须交互使用，但为了清楚起见，我们将以单独的章节对这些技能进行描述。例如，提问和倾听是同一套技能的两个方面。同样，要让他人听取你的意见，你必须首先获得他的信任，计划好指导内容，把控好自己的言行举止。一般来说，不同的导师使用指导技能的独特方式决定了他们个人的指导风格，也决定了他们对学员的影响程度。

2. 巧妙提问

我们都知道，提问是为了获取信息。思考一下提问还有什么其他作用，可以让我们探究隐藏在提问中的那些不那么显而易见的东西——提问的背景、提问的暗含意图，以及答案实际上是给谁的。导师指导的关键在于导师以什么样的方式进行提问以及以什么样的态度倾听。很明显，在导师指导中，提问越是巧妙，得到的结果就可能越好。事实上，学员回答问题时所展现出的见解其实是衡量问题好坏的标准。评判一个问题提得有多好，要看回答的人能够就这个问题回答出多深刻的见解。

有深度的问题在任何指导课程里都是亮点。这些问题往往能让人产生深刻的见解，从而引导学员改变思维定式。一定情况下，以下问题可算得上是有深度的问题：

- 什么让你止步不前？
- 对你来说，当前最重要的是什么？
- 你觉得自己提出的解决方案怎么样？
- 真正的答案会是怎样的？
- 如果我是你，你会跟我说什么？

在导师指导过程中，有效的问题具备以下三个特征：

简洁性：问一个简洁明了的问题更有助于学员给出清晰的答案。有些人提出的问题冗长复杂，这种情况下，要么是他们想让自己显得聪明，要么是他们还不清楚自己要问什么就开始说了。

清晰性：搞清楚提问的目的才有可能得到有用的答案。

开放性：抱着开放的心态，不带情绪但又好奇地问一个问题，这样更有可能得到同样开放且有帮助的答案。

任何社交活动通常都可以以提问来开始，比如问一句"你好吗？"，这就是心理学家所说的"设置导入"（set induction）。

类似的开场提问作用很大，它为接下来的交流互动确定了调性。作为一名导师，你的开场白以及随之而来的非语言交流传达了你打算如何与学员互动这一重要信息。如果指导课程只是为了对学员的职业发展提供帮助，那么你的提问应着眼于学员的利益，而不是为了让自己获取信息或让自己感到满足。适当的幽默往往是很好的开场，虽然导师指导的结果很重要，但方式不一定都很严肃。诺贝尔奖得主、物理学家理查德·费曼（Richard Feynman）提出的费曼学习法，是与科学家、工程师和技术专家进行互动交流的一种十分有效的方式。从理性思维层面（认知层面）讲，提问可以激发兴趣、拓展知识、锻炼批判性思维。当提问指向个人或感觉层面（心理学家将其称为情感）时，它可能会在不知不觉中带动学员的情绪，进而引导学员去探究自身的态度。措辞得当的提问可以让学员看到你对指导工作有热情，会支持他并站在他的角度考虑问题，这对于建立信任进而取得良好的指导效果至关重要（参见第2章第4节）。了解**不同类型的问题**及其语义功能可以让你在关键时刻灵活地进行提问。

为更好地掌握人际沟通技能，社会科学家对问题和提问进行了深入的研究。哈基（Hargie）和迪克森（Dickson）以及其他一些学者是这一领域最有名的权威人士。哈基将自己与迪克森在2004年合作完成的著作与其他学者的一些著作进行了汇编。以下简单归纳了书中与导师指导密切相关的内容。

（1）**封闭式问题和开放式问题**的不同之处在于答案的自由度。封闭式问题将答案限制为两种，通常为"是"或"否"（例如"这是含氮化合物吗？"），或是寻求一个简单的确认（例如"这标本属于什么类型？"）。封闭式问题通常对指导没有什么帮助，因为这限制了学员回答的空间，还会扼杀学员的创意。相比之下，开放式问题可以获得更多的信息，因而可以让讨论更加深入。使用疑问词是开放式问题的一个典型特征。让我们来看看，在一次有关测绘的技术讨论中，使用不同的疑问词可能引出的不同答案：

什么（what）：想要知道的是信息或分析，例如："什么是辛普森法则？"

哪里（where）：想要知道的是空间、过程或观点应用的范围，例如："在这个项目中，辛普森法则可以用在哪里？"

如何（how）：想知道的是过程和策略，例如："在这种情况下，你会如何运用辛普森法则？"

哪个（which）：要求在多种选项间作出选择，例如："这些情况中，哪种情况可以使用辛普森法则？"

谁（who）：想知道的是一个名字或一个角色，通常还有更多信息，例如："谁最先运用辛普森法则来计算体积？"

什么时候（when）：想知道的是时间，通常随着过程或历史背景，例如："辛普森法则是什么时候用在这个设计中的？"

为什么（why）：想要了解的是理由、原因或合理性，例如："你为什么在此处运用辛普森法则？"

在导师指导中，尽量避免使用"为什么"，因为这听起来带有苛求语气，也可能听着像是批评，可能导致对方引发戒备反应。试想，如果项目经理用蔑视的语气问一个年轻的测量员上面那个"为什么"的问题，他会作何感想。

（2）认知性问题和情感性问题调动的是学员思维系统的不同部分。认知性问题对应我们思维中的理性部分。在导师指导中，这些问题用以获取真实的过程、事实、理论等方面的信息（例如："冠心病患者有什么症状？"）。另一方面，情感性问题对应我们的情绪问题。例如，在指导过程中，导师们询问学员对讨论的主题有何感想。情感性问题在职业生涯指导和个人发展指导方面尤其有用（例如："你对申请工作调动有什么看法？"）。技术指导过程中，当你怀疑某些未说出口的东西正在阻碍学员的理解时，提一些情感性问题也很重要。我们可以看到，这种阻碍通常让人产生恐惧、羞耻、厌恶等负面情绪，而这些负面情绪与过去发生的可怕、可耻或令人厌恶的事件有关。只有当学员意识到这种情绪的存在并尽力去处理好它时，他才能进一步理解技术性问题并跨越这一阻碍。情感性问题特别重要，它可以使师生关系变得更为融洽（参见第2章第5节）。

（3）**引导性问题**是专门为了引出提问者想要听到的回答而提出的问题。看过律政剧的人都知道，律师在盘问过程中早已知道问题的答案了。那些经验不足的导师则经常将引导性问题用作填鸭式灌输信息的方式。相比之下，导师指导成年人最重要的目的之一是鼓励他们独立思考。如果你提出引导性问题，并暗中帮助你的学员回答，这就有可能干扰他们的思维过程，并最终影响他们自身的思维独立性。因此，**在导师指导过程中要避免提出引导性问题**，这在职业和社会心理指导中尤为重要，因为我们最希望看到的是学员自己找到问题的答案。

（4）**探索性问题**要求你的学员就自己最初给出的答案进行进一步地扩展或探究。围绕这些问题，导师可以提出一系列问题，这是导师指导过程中师生语言互动的常见内容。关于探索性问题的一些类型和特点将在下一节中进行更为详尽的讨论（参见第2章第3节）。要注意，所有的探索性问题都得谨慎提出。由于提问的背景、提问的语气还有导师个性的不同，同样的一系列探索性问题，有的学员可能会把它们视为一场有趣的讨论而积极参与，有的学员则可能会将其视为一种充满威胁的挑战而避而不答。

（5）**提问次序**，顾名思义，就是按照特定的思路进行提问的先后次序。导师指导过程中很重要的一点是，不能让学员将一个接一个的提问视为一种充满敌意的审问，尤其是在师生双方尚未建立信任的情况下更应避免产生这样的误解。重要的是，要让学员感到自己的意见得以倾听，观点得以理解。**因此，导师必须同时使用倾听回答、厘清观点和反思式倾听等技巧，这是与提问次序有关的重要内容**（参见第2章第3节）。

漏斗型提问次序是最广为人知的一种提问形式，它首先以开放式问题引入，随后提出一些更为聚焦的问题，最后得出一个具体的结论。相反，**倒漏斗型提问次序**是从一些有关细节的封闭式问题开始，然后逐渐扩大到一般性原则上。漏斗型提问次序通常用于招聘面试中，通过提问，招聘人员想进一步了解面试者之前的概括性或模糊性陈述。漏斗型提问次序也被用于注重产生实际效果的咨询师服务和高管培训课程中。因此，在大多数情况下，这种方法对导师指导也很有用。举一个虚构的例子，想象一下下文是两个工程师之间的讨论：

导师：今天想谈点什么？

学员：我想知道上周您给我看的米切尔（Mitchell）论文中关于设计原则的结论，您是怎么看待它的？我们该如何将这些原则应用到现在的项目中呢？

　　导师：哦，这个问题很有意思。我很愿意谈谈我的看法。米切尔论文中的哪一部分让你特别关注？（提类似的问题，以此与学员深入探讨更多的细节）

注意，尽管在这个案例中学员想要导师给出自己的观点，但导师并没有立即详细解释米切尔的论文，也没有说具体如何应用。反而，导师用反问的方式回答了学员的问题。

练习3　**提问中的学问**

想想自己体验过的巧妙提问的例子：

● 回想出一个能激发出深刻见解的有深度的问题；这个问题可以是别人问你的，也可以是你问别人的。这个问题是什么？接下来的情况怎样？

● 想出一个在文学或者电影场景中提出的有深度的问题。这部电影或文学作品的名字是什么，是在什么场景下提出的这个问题？它在推动故事情节发展上起到了什么作用？

● 所给出的答案是如何改变事件的发展方向的？

● 是什么让这个问题显得有深度？

● 为什么对学员提一个好的问题总是比给他大量的信息更

有价值？

3. 积极倾听

很多人认为导师指导就是导师把学员想要知道的事告诉他们，我们习惯将其称为"个人辅导"。而现代的职场导师指导并非如此，如果你想要了解其中的原因，不妨回忆一下你上次参加的讲座，其中的内容还记得多少？实验心理学家一直在重复艾宾浩斯（Ebbinghaus）的经典研究。该研究表明，我们的遗忘曲线呈现为一条对数衰减曲线。一段内容听完仅两个小时后，我们就会忘记至少 50% 的内容。如果讲座是昨天举行的，我们今天能记住该讲座 20% 的内容也许都不太现实，可能只记得 10% 左右。这种将大量信息灌输到我们头脑中的做法，无论出于何种善意，实际上都是一种非常低效的信息传递方式。

导师指导首先是一门关于倾听的艺术。有人说，大多数人倾听是为了回答，而不是为了理解。作为一名导师，你得抑制自己替学员思考的冲动，要给学员思考的机会。指导过程中，如果你意识到大多数时间都是自己在说话，那么我建议你不妨打住，选择坐下来倾听。把自己思考的东西说出来是学员学习过程的主要方面，其余则是在课后的反思和练习。因此，在导师指导中学员才是说话的主角。在职业指导或社会心理指导中，学员说话的时间可能要占到总指导时间的 90% 以上，剩下 10% 的时间是导师的导入、点评和结束指导，以及中间问几个精心挑选的问题。积极主动、感同身受地倾听，能帮助学员加深认识并更好地表达自己。想让你的学员有一种被接纳和认可的感觉，你必须学会认真倾听（参见第 2 章第 5 节）。案例 2 说明了坐下来倾听的好处。

感知声音是一种身体活动，而倾听是一项习得的技能。事实上，听是婴儿最早学习到的认知技能之一。我们想当然地认为，在生活中对人进行倾听的训练是一件奇怪的事情。事实上，想想我们自己是如何倾听别人说话的，这有助于提高我们倾听的技能。假使我们能够以某种方式测量导师理解意愿的强度和他的注意力集中度，那么我们就会看到如图 2-1 所示的倾听的三个层次。指导课程中如何识别倾听的三个层次并在各层次间进行切换，这一问题在大家熟知的一些辅导教材中有所描述，比如斯塔尔（Starr）在 2003 年以及霍金斯（Hawkins）和史密斯（Smith）在 2006 年编写的教材，这些教材在官方认可的辅导教师培训班中得以使用。

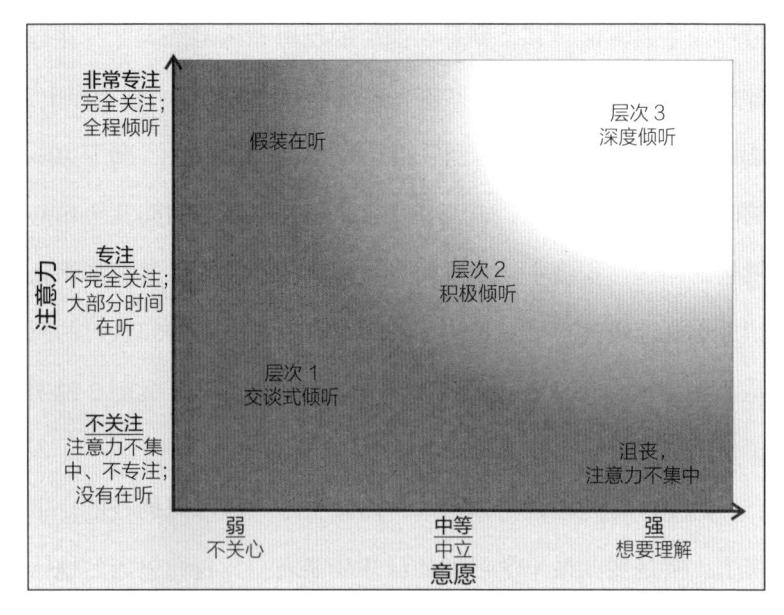

图 2-1 倾听的三个层次

层次 1：交谈式倾听。对我们大多数人来说，交谈层面的倾听我们每天都会遇到。正常情况下，我们的注意力都可能会分散，从而可能引起注意力的转移。想象一下，在一场聚会上，如招待会或酒会，坐着你认识的人和你不认识的人。虽然我们大多数人在一定程度上会对其他人表现出兴趣，但在那种时候，自我意识往往会占据主导地位。我们会表现得很有礼貌，但对他们不会太关注。我们可能觉得需要给人留下一个好印象。交谈过程中我们可能在听对方说话，但我们将大部分注意力放在了与自己的内心对话上。他们讲话时，我们在考虑自己接下来要说什么，或者接下来要和谁说话。有种现象我们称之为"会议眼神"，指的是我们常在一些会议中看到的眼神。说话的人对着倾听的人的胸牌说话，倾听的人的目光则在房间里转来转去。因此，交谈式倾听在导师指导中用处不大。

层次 2：积极倾听。在招待会或酒会结束后，你记得最清楚的可能是那些最善于倾听的人。虽然积极倾听或共情性倾听本身很少被当作一项技能来教授，但它是许多职业的一项基本技能，尤其是那些涉及在个人层面上对他人提供帮助的职业，如医疗保健、教育和法律等领域。许多在工程、建筑、营销等行业为客户提供咨询服务方面做得成功的人也很善于倾听。在积极倾听的过程中，我们会密切关注并有意识地理解说话人所讲的每一句话。我们的眼神和肢体语言要体现出我们在认真倾听。我们会无意识地发出细微的声音（啊哈、嗯），改变面部表情以及做出手势告诉说话人我们在听（点点头、根据谈话的节奏做一些小的动作）。我们在心里记录说话人所讲的话，使其可以准确地回放，我们还可以提一些澄清性的问题并对说话人所讲的话进行归纳总结。积极倾听实际上是导师指导的常规要求。

层次 3：深度倾听。通过练习和体验，我们可以把积极倾听带入更为深入、更为专注的状态。尽管深度倾听并不常见，但大多数人可能都体验过。那些技术娴熟且经验丰富的咨询师、心理治疗师、高管辅导老师以及精神导师，他们在对客户进行指导时，至少在某些时候会使用深度倾听的技巧。在指导过程中，为了进入一个深度倾听的状态，导师要非常专注地理解学员所呈现的内容，无论是他们说出来的还是没说出来的。他会对说话人所说的话十分专注而且表现出共鸣；他们所有感官都"严阵以待"，心静而清且无杂念，尽在此时此刻。导师听到、看到和感觉到的不仅是学员所说出来的话，还包括其非语言行为所蕴含的信息。直观地说，话语背后的含义变得清晰了，导师就可以对更深层次的问题作出回答。学员感觉到导师倾听且理解了他说的东西，因而进入了自己的最佳思维状态。

一心二用是一种同时关注多件事情的技能。在思考交谈式倾听和更高层次的倾听之间的区别时，接受培训的导师经常会问："我如何才能同时关注到学员所说的话和我自己的想法？"首先，这需要对自己现有的技能水平有一个清晰的认识，通过有意识的练习和反馈，这种技能最终会进入我们的无意识心理处理系统。事实上，生活中很多地方我们都在很自然地使用一心二用这一技能，只是我们没注意到而已。例如，我们学习开车可以分为四个阶段：

> **不知道自己不知道**：当我们还是小孩时，我们没有要开车的想法；

知道自己不知道：当我们是青年时，我们想学，但不知道怎么学习；

知道自己知道：当我们成了新手司机时，我们知道怎么开，但开不好；

不知道自己知道：当我们成了有经验的司机时，我们在开车的同时还能做其他事，比如和乘客聊天。

回顾式倾听是指访谈人用自己的话来概括和呈现受访者此前所给信息之精髓的一种方式。在师生的话语互动中，如果导师对学员的观点不予回顾和评价，学员会认为自己的观点没有被导师理解。**导师对学员的观点进行回顾是导师指导的重要内容之一。**"回顾"作为动词在这里有两层意思：回想一段记忆以及重复你所听到的部分或全部内容。导师回顾的重点是学员讲到的比较特别的部分。这可以检验导师的洞察力，也可以让导师去探究其暗含的意义。导师在自己的理解能力范围内重点对学员的语言呈现过程进行回顾。大量针对面试技巧的研究表明，对他人的观点进行很好地回顾会让他人感到自己被理解，这也是表现共情的主要方式之一。回顾与提问不同，尽管它们的目的可能相似。回顾，取反馈之意，是间接的，比起提问来，它对对话的语气和节奏限制更少。相比之下，提问更为直接，更多地包含了提问者自己的人生经历。给学员做回顾时，要记住重要的一点，我们所有的感悟都是根据我们的自身经验得出的，所以我们的回顾从来都不是完全客观真实的。

回顾式倾听技能包括以下几种：

重复响应法，或叫狭义上的回顾，其实就是重复学员所说的话。这种方法是以客户为中心的咨询行业的鼻祖卡尔·罗杰斯（Carl Rogers）提出并完善的。举个例子来说，如果学员问："我不明白为什么公司会这样对待我？"导师可以这样予以回应："你不明白公司为什么要这样对待你吗？"在这种情况下导师给予重复响应，可能会引起学员对自己眼中所谓不公平的对待产生更深层次的思考和更深切的感受。重复响应显然是在学员自己的参考框架内进行的，因此导师进行重复响应是在表明他接受了学员的说法。但重复响应用多了，可能会让学员感到厌烦，从而让其分心。

换而言之法，或叫对内容的回顾，就是导师用自己的话来重述学员说过的话。这样，重点就转移到了导师是如何理解学员的本意上了。换而言之法为学员提供了修改和更正的机会，因此是帮助学员厘清思路的有效方式。

归纳总结法，其文字表述比换而言之法还要简洁。在学员冗长且杂乱无章的讲话后，导师可以用几句话进行归纳总结。同样，这也是一次让学员厘清思路的机会，因为这可以帮助学员专注于他们想要表达的要点。

揣摩感受法，是指导师从学员的话语中，特别是通过观察其非语言行为表达来推断其感受。使用这种方法来验证自己的感觉，发现学员的内在情绪，例如："我听出来你有点犹豫，是不是对那个选择没把握？"揣摩感受法如果能做到位，当将它与换而言之法一起使用时，就可以创设出一个很有深度的问题，例如："我明白你做这次调查是为了客户，但他并不接受调查的结果。从你的语气中，我感觉你很生气，对吗？"

作为一种对话形式，导师指导由一系列有先后顺序的问题和答案组成。对于导师来说，提问和倾听密不可分。导师一开始提了问题或对问题进行了回顾，接着自然会提出后续问题。后续问题怎样来提就要看我们讨论的目的以及预期的结果。以下是一些帮助我们倾听后续问题的方法：

扩大讨论范围：考虑到最开始提出的问题已经有了基本答案，导师可以鼓励学员通过更为深入的分析来拓展他们所讲的内容。例如，"你对强度测试的结果提出了一个有意思的观点，你认为还可能会出现其他的结果吗？"

厘清问题：当你感到困惑，或者你怀疑学员可能有困惑时，有必要对问题进行厘清。比如，"你说到……时，我不确定你指的是这个……还是那个……？"

假设验证法：当你怀疑一个未经证实的假设会对学员的结论和立场产生实质性影响时，可以进行假设验证，例如，"说起……，你会做什么样的假设？"

验证选项：看看学员提出的方案是否是相互排斥的。如果在两个同样不受待见的方案中做"傻瓜式选择"，不如去找别的方案。例如，学员问："我有两个选项，要不选这个，要不选那个，我该选哪一个呢？"导师可以说："还有别的选项吗？"

探索可能性：引导你的学员去探索所有的可能性，例如问："要是……该怎么办呢？"

避免以偏概全：要求给出具体的例子，例如："当你说这些成果都毫无价值时，你是指每一项成果吗？哪些可能是有价值的？"

俗话说，**沉默是金**。让学员感受到导师在倾听自己说话，这是所有做得好的导师指导的一个重要表现。运用积极倾听这一技能时，非语言交流可能比其他任何东西都更重要。以平静的姿态安静且专注地看着对方，在这种时刻，没有什么比保持沉默更能表示你对学员的关注了。在社交场合，人们往往很难保持沉默,似乎需要用说话来填补交际空白。如果你的学员没有立即回答你的问题,不要本能地试图用说话的方式来填补空白;不要转移到另一个问题;也不要去提建议。相反,你只需要坐下来,给学员时间和心灵空间去仔细思考答案。这种延时响应通常是指导过程中的"灯泡时刻"(lightbulb moment)的前兆。出现这种情况时,一定要注意。打断学员的思维过程,很可能会扼杀一个重要且具有新意的见解。

对记忆中的事情、过去的经历以及潜意识中的想法进行扫描,这一思维过程被称为"转移衍生搜索"(transderivational search),是催眠疗法中使用的一个术语。这是对心灵之眼的内心搜索,也许是为了找到一种参考经验,以帮助我们大致理解这个可能具有深度的问题。你的提问方式有可能限制学员进行内心搜索,也可能让其自由自在地进行内心搜索。在内心搜索的过程中,当事人通常会做出无意识但很独特的肢体语言。在思考的人会时刻留意周围情况,并安静下来。他的目光从提问者转移到远处,眼睛左右移动,就好像心灵的眼睛在看着内心的屏幕。内心搜索的理想结果是迎来"灯泡时刻"或"尤里卡时刻"(找到了)。当思考的人灵光一现时,他会做出独特的肢体语言。此时,他身心放松,目光重新回到提问者身上,露出满意的微笑,然后说出类似"找到了"这样的话。如此美妙的"灯泡时刻"的出现意味着,不仅学员找到了某种解决办法,对于导师来说，这也是对你的一种间接回报，你可以得到自己出色地完成工作的一种满足感。

案例 3　一位受挫的高管辅导老师学习如何倾听

（约翰·阿瑟斯）

早在 20 世纪 80 年代，那时很多咨询行业中的技巧还没在个人辅导中得以运用，我与一位高管辅导老师共事过，我管他叫詹姆斯（James，化名）。他是一个受过良好教育的英国人，最近刚从一家跨国公司退休。在该公司担任高管期间，他的工作业绩特别突出。我们在伦敦的一家俱乐部吃午饭时，詹姆斯跟我聊到了他的一位客户。他说，他们之间遇到了相当大的困难，原因是这位客户一直不把他好心的建议当回事，并一再不按之前辅导课中说好的做。这位客户参加了辅导课程，但总是不主动、不配合。最后，詹姆斯束手无策，不知道下一步该怎么办。无奈之下，他只有坐下来听客户说，但问题却意外地得到了解决。詹姆斯苦笑着说："我只是好好地听了他说话而已。"随后，客户便敞开心扉，回应得更加积极。后来我们慢慢了解到，詹姆斯的这位客户的部门主管没跟他做任何解释，更没征得他的同意，就直接把他扔给了詹姆斯。起初主管对客户的工作态度很不满意，于是决定给他做些辅导，来"让他走上正道"。由于这位客户与主管的工作关系很不融洽，导致他从一开始就不信任詹姆斯。他原以为，詹姆斯作为辅导老师，会毫不客气地教他如何做好自己的工作，而他觉得如何做好工作这件事自己早就知道了。不过，詹姆斯只听不说这一招不知不觉便把问题给解决了。

以前的高管辅导老师通常比现在的辅导老师更喜欢发布指令。他们只是简单地告诉客户一定要做什么。如今的高管辅导老师如果没就辅导的范围与客户进行过讨论，也没有组织过由他自己、客户和部门主管参加的会议，他是不会接手这样的辅导工作的。只有经过上述的讨论和会议，潜在的问题方能暴露出来。即便有些问题未被发现，进入辅导阶段后，通过交流对话，这些问题也能显现出来，并可能找到处理的办法。良好的倾听技能本身非常重要。此外，另一个很重要的东西是，导师的积极倾听技能是在结构化的导师指导环境中锻炼出来的。导师指导的过程和结构将在后续章节进行讨论（参见第 3 章）。

4. 建立信任

诸如恐惧、怀疑和抵触等一些负面情绪会影响学习，这并不是什么新鲜事。从这个意义上说，负面情绪轻则表现为生气和心烦，重则表现为憎恨，最终将彻底导致当事人无法学习。在学习中最好不要出现负面情绪，这并不是说师生间非得互相仰慕或私交很好，导师指导工作才能有很好的效果，尽管这种情况也存在。怀疑的反义词是信任，对于学习这件事来说，信任是不可或缺的，而喜爱某个人和与某个人关系好只是可有可无的因素。**导师指导是建立在信任基础上的一种职业辅导关系。**用法律术语来说，这是一种受托关系，意味着导师对学员有照顾的义务。那些经验丰富、充满智慧且值得信赖的家庭医生和律师正是体现这种关系的典型代表。

为了建立和维护与学员间的信任关系，你需要注意一些基本的行为准则：

- 在任何情况下都要尽最大努力帮助学员；
- 切勿故意做任何会对学员造成无端伤害或损害的事情；
- 恪守道德底线和职业操守；
- 谨慎对待学员的信息并予以保密；
- 明确自己能做和不能做的事；
- 无论事情多小，严格遵守所有的规定；
- 培养同理心；
- 履行"签约"程序，即就如何开展指导工作达成明确的协议（参见第 3 章第 2 节）。

信任是在共情的基础上产生的。共情是指对他人的感受表示同情和理解，它必须与"同情"区别开来。同情是一种与之类似的感情，也包括对他人的关心、关爱和良好祝愿。相比之下，共情是一种认知能力，是能够识别和理解他人感受的能力。许多人认为共情是天生的，有些人有，有些人没有。事实上，它是一种有意识的反应，我们可以通过观察、反思和训练来提高这种反应能力。

关系融洽是指两个人彼此能理解对方的感受，理解对方的想法，双方沟通顺畅，形成一种和谐的关系。在一起时彼此感到舒服，可以有不同意见，能够自由行事。两人关系的融洽程度有从强烈、积极地彼此吸引到平平淡淡、不温不火这么一个范围。与关系融洽相反的一面，其极端表现则是负面的厌恶情绪。如果我们是同属一个群体（国籍、职业和运动队）的成员，说同样的话（日常用词和职业术语），有相同的信仰和价值观（政治、文化观念和审美品位），就更容易建立融洽的关系。但不是说一定得具备以上这些条件才能建立融洽的关系，只是具备这些条件可以让我们更容易地建立融洽关系。戈尔曼（Goleman）在 2006 年详细描述了融洽关系是如何在实践中发挥作用的。

行为协调是两个人之间的一种行为现象，表明他们之间关系融洽。例如，两个很玩得来的人坐在一起时，我们便可以观察到他们行动的协调性。如果两个人关系融洽，他们会无意识地模仿对方的非语言行为和肢体语言，包括相似的说话节奏、语调、姿势和手势。行动协调的反面则是**行动不协调**，这种情况出现在关系不融洽的两个人之间。行动不协调与焦虑、厌恶等情绪有关。假如一对夫妇用餐时表现得关系不和，我们不需要听到他们在说什么就能知道他们在闹别扭。我们只需通过他们的动作——眼睛看向别处、板着脸、语速时快时慢、语气时重时轻、语调时高时低，就能知道他们在闹别扭。

言行不一是指一个人的非语言行为与他所说的不一致。非语言行为是一种无意识行为，我们在这里可以把它形象地称为"泄漏"。要了解你自己的非语言泄露是什么感觉，你可以想象一下，你从一个心爱的亲人那里收到一份你并不是很想要的礼物，但又不想伤害他，你会怎么应对？我们中的大多数人都会报以微笑并表示感谢，但我们表现出来的犹豫不决、目光呆滞和动作的不自然足以让人看出我们心口不一。**言行一致**则相反。大多数人类和灵长类动物似乎都能识别行动协调和行动不协调，以及言行不一和言行一致这些不同的行为。

一名合格的导师会尽力与学员建立融洽的关系，因为这是一种增进信任的方式。更重要的是，你要做到言行一致，否则你就有可能失去学员的信任。看出学员的行为是与你协调一致还是不相协调，言行一致还是言行不一，这对于导师来说是一个非常有用的指导技能，它可以让你不动声色地优化对学员的指导。案例4讲述了我们该如何与学员建立融洽的关系。

案例4　一位迷茫的应届毕业生

（约翰·阿瑟斯）

案例背景是一位导师对一名应届毕业生进行结构地质学领域里的某个主题的指导。在以下对话中，这位导师观察到了重要的非语言交流信息。

导师：我问你断裂面的立体投影有没有绘制好时，你说你一直没有时间。但我注意到你在座位上动了一下，皱着眉头看向别处。我猜，你是因为没有完成任务而感到尴尬，或者说整个任务主题你都不喜欢，是这样吗？

学员（犹豫了一阵）：嗯……老实说……上大学时，我病了一段时间，错过了所有关于立体投影的课程。后来我尝试去阅读相关内容，但因为种种原因，我并未真正理解这些内容。我承认这个主题对我来说可能有点难了。

导师：原来是这样，谢谢你告诉我这件事。但我认为立体投影是理解控制结构的重要手段，你想了解更多这方面的知识吗？

学员：当然，希望您讲慢一点。

导师：好的，我们去现场对一些断裂面进行测量。你在一旁看着，我来画一两个投影图。然后我看，你画，同时我们还可以进行讨论。

（他们按照所说的那样进行了一段时间后）

导师：你觉得你现在掌握窍门了吗？

学员（犹豫了一阵）：嗯……基本掌握了。

导师：你能将这个岩面上所有的点都绘制出来，然后在下周五把立体投影图带过来吗？我建议你先读一读霍尔库姆（Holcombe）刊登在网站上的文章，这是我所知道的有关这方面写得最通俗易懂的一篇文章。如果你有什么不懂的，这篇文章能帮到你，周五之前它能解决你可能会遇到的大部分问题。然后我们再来讨论，在一般情况下如何使用立体投影来绘制断裂带。

（学员走出门，看上去更加自信了）

积极语言与**消极语言**，以及它们出现的相对频率，可能会对导师指导中建立信任关系产生非常重要的影响。实验心理学家可以预测，已婚夫妇是否会离婚，商业团队会走向成功还是失败。研究人员对已婚夫妇以及商业团队的会面及互动交流进行了观察，统计了积极互动（表达鼓励、认可、爱意或友谊、同意、幽默等）的数量，并将它们与消极互动（打断别人的讲话、语气严厉、辱骂、攻击等）的数量进行了比较。通过反复观察，我们发现，积极互动和消极互动的比例大约为3∶1，这也是成功和失败的分界线。这一比例就是我们熟知的洛萨达比例，或积极语言与消极语言的占比得分。低于3∶1的比例就意味着已婚夫妇很有可能会离婚，商业团队的合作将会走向失败。但当这一比例大于5∶1时，夫妇的婚姻会经营得很好，商业团队会蓬勃发展，大家会更快乐。然而，当这一比例超过11∶1时，团队合作又会开始走向失败。看起来，要让婚姻和生意经营得好，实话实说以及适当泼泼冷水有时也很重要。洛萨达比例的适用性似乎远不止于此，积极语言和消极语言的比值也能给导师指导提供重要的启示。

作为导师，我们需要有意识地注意与学员进行互动交流的总调子，是采用积极的调子，还是消极的调子。如果我们只是一味地批评或指出困难、不足和问题，而几乎不给予认可，那么指导工作注定会失败。或者，如果我们过于"友善"，经常给予赞扬和鼓励，从不提出任何问题，那结果注定也是失败的。虽然我们彼此都很享受面对面的交流，但我们会发现，学员达到一定程度后就没有太大的进步了。因此，我们还必须注意学员是如何表达他们的积极情绪和消极情绪的。如果你的学员表现出消极自责或缺乏信心，那么你可以通过提供建设性意见来帮助他们，让他们更清楚地看到自己的优势所在，改变自己内心的消极思维模式，并鼓励他们进行更为积极的自我暗示。

如果你知道你的学员有能力取得更好的成绩，或者如果他们不重视业已达成的约定，那么就很有必要**对他们提出更高的**

要求以及让他们承担更多的责任。导师指导时对学员提出更高的要求（激励加码）可能会让人感到不舒服，但我们首先必须明白，要使激励加码起到作用，我们先要赢得学员的信任。以下内容改编自布莱基（Blakey）和戴（Day）在2012年的论述，以说明在不同的导师指导情形下，导师对学员提出更高要求时所要具备的条件。学员取得进步的大小取决于导师对学员激励加码的强度以及学员对导师的信任程度。图2-2是一个由六个单元组成的矩阵，其中纵轴表示学员对导师的信任度，由低到高；横轴表示导师对学员进行激励加码的强度，由弱到强。

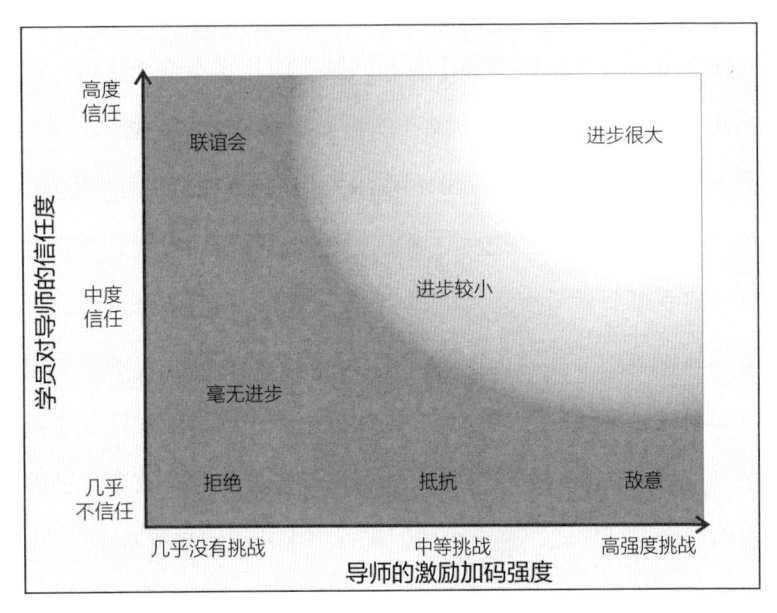

图 2-2 信任 – 挑战矩阵

毫无进步：假如学员不信任导师，学员很可能毫无进步。这在指导关系建立初期为一种常态，也是为什么导师必须从一开始就要努力取得学员的信任的原因。而当一位导师很少或者从未给学员提供支持，甚至举手投足间表现出来的都是不信任时，那么学员的表现也不会有进步。即便学员对导师有一定程度的信任，甚至完全信任，如果导师不对学员提出更高的要求，学员也就无法在挫折或不佳表现中得以成长。从社交角度看，师生双方关系融洽，但从指导与学习的角度看来，他们的关系实际上是没有发展的。

进步较小：只有在学员对导师有一定的信任，加上导师适当地给学员提一些更高的要求时，学员才能取得一些进步。导师指导越往前走，对信任度的要求也就越高。这意味着，不管学员的能力有多差，只要他信任导师，即便是不那么完美的指导也可以在一定程度上起到作用。这可能是因为，学员清楚地看到导师心口如一、乐于助人，此时学员的内心就会充满自我激励情绪。

进步很大：在遇到挫折、表现不佳的情况下，学员能取得很大进步离不开学员对导师的高度信任以及导师对学员提出的严苛要求。我们把导师的这种做法形象地叫作"爱的一踢"。学员对导师的良好用意和职业素养的信任意味着，导师对学员提出高要求，这并不会影响师生关系，也不会降低学员对导师的信任度。事实上，在学员充分信任导师的情况下，他会接受导师提出的高要求。如果成功了，他会更加信任导师；但也不排除一种极端情况，学员完全依赖导师。因此，我们需要再次强调学员要有自己对自己负责的态度。

导师在指导工作一开始就应该要求学员主动承担责任，不要等到出现了问题之后才来提要求。 指导工作开始之前，双方签订结对培养协议时，导师应该问学员，他是否愿意对将来遇到的任何问题承担责任（参见第3章第2节）。案例5说明了导师在取得学员的信任前，给学员提出建议可能会发生什么情况。

案例5　一封考虑不周的电子邮件带来的祸端

（约翰·阿瑟斯）

在一次科学会议的会场边，有人把一位正处于职业生涯中期的经理介绍给我认识。我们很合得来，聊得很愉快。不久之后，她通过电子邮件联系了我，请我就一份文件草案提供反馈意见——这是她所在单位的一项关于培训科学家的计划。这项计划还在雏形阶段，尚未经过充分考虑。反馈意见要得很急，因为她马上就要开会讨论这个计划，于是，我没有想太多，就按她说的实事求是地进行了反馈。我简单地指出了实施这一计划存在的困难，并提出了解决方案供她参考。尽管我是真心想帮她，但我的同事在她的回复中明显看出，我的反馈意见让她不高兴了。事后看来，我本不该对这份文件草案发表评论，要等到我们之间的职业关系更为牢固、彼此更加信任、交流互动更为积极时，才能这么做。那次邮件交流之后，我们很难再像刚开始那样亲切友好地交流。很遗憾，最后我们没了联系。

练习4　在指导见面会上建立融洽的关系

在你下一次参加指导见面会或是与同事的商务会议前，请阅读以下内容。制订计划，召开会议，并尝试以下建议。

准备指导：聚焦中心

这是最重要的一步。有意识的目的可以无意识地指导我们的行为。在开始指导前，花五分钟时间做好准备。静静地坐下来，最好找一个无人打扰的地方。坐直、放松，注意自己的身体，有意识地缓解肌肉紧张的感觉。注意你呼吸的深度和节奏，保持不变。就这样待着。当你渐渐沉静下来时，把有关学员的事带入你的意识中。回想一下上一次的指导，问问你自己，"这次见面能取得的最好成果是什么？我真的想帮助这个人吗？我们在哪些方面有相似之处？我们有什么共同的利益？他有什么值得我钦佩或者尊重的地方？"一旦自己感到有任何抵触情绪，就要重新制定目标，找到某个对彼此都有利的目标；这个目标不单是自己内心的想法，也可能对学员有所帮助。如果你不这样做，学员可能会觉得你在指导过程中敷衍了事。

开始指导：注意你的内心活动

在倾听学员说话的同时，注意你自己内心在想什么、想得如何、你自己的身体感觉和心理感受。然后通过轻柔的呼吸，有意识地让身体放松以减轻紧张和沮丧的情绪。

指导中：注意你和学员之间的行为协调程度

假设双方行为协调一致，我们就可以认为双方已经建立了融洽的关系，指导可以继续进行下去。

如果双方行为还不协调一致，比如没按你说的做，那么你要把重点重新放到准备和聚焦中心阶段设定的目标上来。通常你不用去做一些让学员看得见的事，只要能回到正轨就行了。

如果你的学员表现得敷衍了事，或者明显与你不在一个频道上，你不能对此视而不见。这是一个迹象，表明他内心被一个想法分散了注意力，这个想法让他忘记了你们在一起说话。注意到这一点，你才能指导得更好。要注意观察和思考你们之间存在的重要区别。不要以为你对学员很了解。让学员觉察到你在观察他，这通常对学员很有帮助。

指导后：回顾取得的成果并反思这些成果是如何取得的

交流互动中，有哪些部分是属于情感、行为和非语言的？

你的感受和印象与结果的匹配程度如何？

采用这样的师生见面方式，你有没有发现以前没注意到的东西？

5. 自我管理

啊，但愿上天给我们一种本领，

能像别人那样把自己看清！

那就会免去许多蠢事，

也不会胡思乱想，

什么穿着和步态能抬高身份，

甚至受到膜拜！

——《致虱子》(*To a louse*)

罗伯特·彭斯（Robert Burns），1786年

人际沟通能力和自我意识

职场导师指导工作的首要目标是培养学员的意识。学员只有意识到了所要讨论的论题存在，并且清楚地知道自己无法理

解这一论题，他才会去学习这方面的知识。因此，我们有理由期望他们的内在动机能发挥作用，让他们充分意识到这个论题，并最终成为这方面的专家。他们要么认真学习并成为专家，要么慎重、理性地作出决定，不去学习，并接受由此带来的后果。

学员自我意识的形成有赖于导师，因为导师自身具有较为娴熟的人际沟通技巧以及较强的自我意识。高超的人际交往能力很受科学、技术、工程和数学教育领域的专业人士的重视。无论是同行之间，还是客户、管理人、基金持有人及社会公众，各利益相关方都非常重视这一能力。学员如何通过学习成为一名成熟的专业人士，很大程度上和导师自身的人际沟通能力有关。因此，除非我们对自身的沟通方式有一个清晰的认识，否则我们很难甚至根本不可能对学员进行有效的指导。

因此，自我意识是一名优秀导师应具备的基本品质。帮助他人形成自我意识的能力包括掌握获取多种信息来源的方法，并且能够呈现这些信息间的内在联系以帮助他人理解。自我意识以有意义的方式表达见解，解决潜在问题，鼓励学习者自我探究，从而增强他们提出新观点、新理念、新见解的能力和主动性。理想情况下，对外部世界的思考，会让我们对自己的内心世界、价值观和信仰以及自身的优缺点有更多的认识。导论的结尾部分给出了一位刚毕业的学生学会独立思考的案例，这也是一个学员自我意识觉醒的例子。

在专门讨论人际沟通技巧和自我管理的著作中，最具普遍指导意义的当数著名管理思想家彼得·德鲁克（Peter Drucker）在 2005 年写的一篇文章。他在文章中说："知识经济里的成功属于那些了解自己的人，他们知道自身的优点、价值观以及如何用这些发挥最大作用。"史蒂芬·柯维（Stephen Covey）撰写的《高效能人士的七个习惯》(*Seven habits of highly effective people*) 一书之所以出名，不仅因为书中蕴含着朴素的智慧，还因为它比一般的励志书更发人深省。哈基和迪克森以及吉尔德姆（Guirdham）等人采用更为严谨的学术方法，参考了大量的心理学和社会科学方面的资料，对这一复杂的问题进行了更加深入的研究。

情商

17 世纪和 18 世纪被称为理性时代，那时，欧洲迎来了科学、工程和技术的繁荣期。我们所做的工作本质上是受理性思维主导的。按照长期以来的惯例，科学家和工程师们不主张使用人称代词，他们更喜欢用被动语态，就好像我们所做的工作中没有"人"这个行为主体一样。因此，情感似乎在这里没有立足之地。尽管在科学、技术、工程和数学教育领域内的所有实质性争论都应该是纯理性的，但很明显，我们归根到底还是人，我们的行为并不总是合乎理性。科学会议上，有人通常会在无关紧要、说不明道不白的问题上表达反对意见。参加过此类会议的人都能体会到争论的情绪化色彩有多浓。事实上，大多数科学家和工程师不是为了工作而工作，而是带着自己的满腔热情在从事一项职业。这种情感不止存在于我们工作中，还潜移默化地支配着我们工作的方方面面。

情商一词由丹尼尔·戈尔曼（Daniel Goleman）首先提出，并在 20 世纪 90 年代开始为大家所熟知。它指的是识别自己和他人的感受，激励自己，管理好自己以及与自己有关系的人的情绪。丹尼尔认为，我们的情商水平不会一辈子保持不变。情商是通过学习而获得的一项技能，它就像共情（情商包含共情）一样，是可以随着我们的学习而提高的一种技能。

根据欧洲职场导师指导和个人辅导协会（EMCC）在 2020 年的报告，在与情商和自我意识密切相关的能力中，"了解自己"排在导师指导八项能力的榜首。这里说的"了解自己"是指导师意识到自己的价值观和信仰，以及这些价值观和信仰是如何影响自己的指导行为的。情商与被国际个人辅导联合会于 2020 年归为第五种能力类别的"辅导同在感"非常相似。所谓"辅导同在感"说的是，导师在指导过程中完全有意识地置身其中，秉持专注、开放、脚踏实地的态度，并且对管理自己情绪的能力充满信心。无论其确切定义是什么，情商和自我意识都是一名出色的导师应该掌握的重要技能。高情商和强烈的自我意识也是一名好导师的基本特征。

非语言交际

在交际中，很多情感和态度都是通过非语言形式传达的。非语言交际是身体语言、副语言（见下文）、服饰和语境中的符号，以及所有其他口头语言无法展现的个人表达形式的总称。非语言交际是语言交际的一种补充。例如，它可以调控对话，让我们轮流发言；也可以表达情感，展现地位和身份等社会因素。非语言交际主要是无意识的，但又不完全是无意识的。正如前面关于建立信任的讨论所看到的那样，当我们所说的与所感受到的不一致时，心口不一就会通过非语言交际的形式表现出来，也就是所谓的"泄露"（参见第2章第4节）。这个问题在哈基和迪克森的书中有较详细的论述。

作为一名导师，你需要时刻留意自己以及学员的非语言交际行为。你和学员可以通过非语言交际来表达诸如赞成和反对等情绪和态度。"保持步调一致"是一种微妙的非语言交际艺术，是为了建立融洽关系，一开始就有意识地匹配另一个人的肢体语言和副语言的一种做法。"保持步调一致"之后，接下来便是"引导"，即提出新的想法，目的是让"被匹配"对象更容易受到影响。显然，人们可能以一种不道德的方式利用"保持步调一致"和"引导"来对他人进行操控。

　　副语言交际除了涉及所说词语的意思，还包括这些词发音的各个方面。哈基和迪克森认为，副语言的基本形态包括发音的音量、清晰度、音调、重音和速度等。如果你认真注意学员的副语言表达，你会更清楚地了解他们的感受，以及他们对讨论主题所持的态度。很大程度上，这是一种与生俱来的技能，我们习以为常，毫不知觉，但有意识地去感知这些方面有助于增强我们对它的理解。我们拿"重音"这一众多副语言形式中的其中一种为例。讲话中，我们通过强调特定的单词或短语可以创造出截然不同的意义，这在书面表达中可能并不明显。例如，学员就你提的某个建议回复道，"在这儿我不能这么做"。请注意，把重音放在不同的词上，会产生怎样的隐含意义：

- "<u>在这儿</u>我不能这么做"，暗指在其他地方可以这么做。
- "在这儿<u>我</u>不能这么做"，暗指自己不能做，没说别人不能做。
- "在这儿我<u>不能</u>这么做"，暗指对你的想法表示震惊，绝对不会这么做。
- "在这儿我不能<u>这么</u>做"，暗含震惊，或者表示其他做法也许可以。

● "在这儿我不能这么做",暗指我也许可以这么想,或可以找到其他办法。

导师需要了解一些其他形式的非语言交际,它们通过外表、服装、配饰、语境和环境的选择来体现。想象一下,如果导师坐在大桌子后面一张舒适的椅子上,而学员只能坐在对面一张又矮坐着又难受的椅子上,可想而知这样的指导效果一定不会太好。类似的情形还有导师穿着昂贵的西装,而学员穿着休闲的旧衣服。指导期间,导师经常停下来处理一些与指导无关的事情,如接听电话、接待访客等。以上各种情形都传达了导师的态度,即指导由导师说了算,导师自己的事情比学员的事情更重要。这样,学员的收获就不大。

发挥直觉的作用

大多数科学家和工程师不承认直觉的作用,因为"直觉"一词含有非理性的意味,容易让人联想到"迷信"。词典对直觉一词的定义是,"未经推理分析由大脑直接生成的理解"[牛津英语词典(*Oxford English Dictionary*),1964年版]。因此,从另一个角度来看,平日里很多时候我们都会无意识地用到直觉。例如,进行社会交往时,我们都会无意识地观察别人的非语言交际行为，并相应地给出反应。长期的专业实践经验使我们能够无须经过有意识地、长时间地理性认知处理，便可在自己的专业领域中得出准确的结论。直觉更大的作用在于其启发性，因为它是一种经验法则，或是从广泛的经验中产生的为大家所接受的捷径。

在职场导师指导中，使用直觉对了解学员的想法真的很有帮助，但不要随便用。请注意，你不能以为直觉告诉你的就一定是真实的。因此，你要经常和你的学员一起来验证靠直觉得出的结论。如果你的直觉是错的，学员有机会纠正你，这样你就可以知道学员的真实情况。比如说："我看见你在椅子上动了一下，目光看向别处，是不是对我们讨论的结果不满意？"

非指令性指导

自我意识让我们能够采取灵活的方式指导学员，不会让自己显得难以相处，喜欢摆布别人。我们可以采取不同的交流方式，比如，正式或随意，简单或细致，以任务为导向或以人为导向，直接或间接等。

可以说，灵活性最重要的体现是，你决定直接告诉学员解决方案，还是帮他想出解决方案。这一决定在咨询服务中被称为采取指令性方式指导和采取非指令性方式指导。我们可通过对比亲子对话和两个成年人之间的对话来发现这两种方式的不同。一种情况是，由于孩子的经验和思维能力还不足以单独解决问题，于是父母给孩子下指令。另一种情况是，由于成年人已有过往经验，具备思考能力，对话中，其中一个成年人会尊重另一个成年人的经验和自主权。学员给自己定的学习任务要远比导师定的重。导师在指导过程中不发布指令，就起到了鼓励师生间平等地进行理性且不带个人感情色彩的交流的作用。私人辅导和职场导师培训机构要求导师尽可能采用非指令性方式。斯塔尔在其2014年的研究中，对指令性语言和非指令性语言进行了详细介绍。

这两种指导方式适用于不同的情况。发布指令本质上没有错，比如，对主管和咨询顾问来说，发布指令再正常不过了，因为他们接受的训练就是要能起领导作用，决定会议的形式、进度和内容，鼓动参与会议的人给出积极的回应，并由自己提供大部分的信息以及观点来主导整个互动过程。导师指导和行政管理都要求提供帮助和建议，尽管两者都有看似一样的要求，但导师指导具有个人目的，没有组织目的，使用的指导方法和一整套人际关系技能也不一样。导师指导绝对不是行政管理或者咨询服务。

在指导实践中，指令性方式和非指令性方式之间并不是二元对立的关系。对于如何回应学员提出的寻求帮助或建议的请求，导师的选择往往介于两个极端之间，如图 2-3 所示。

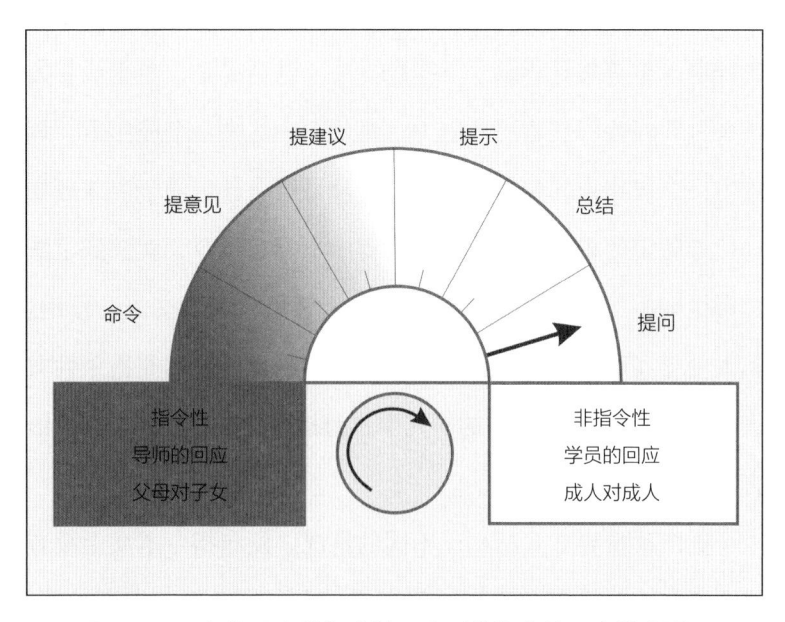

图 2-3　导师指导中从指令性回应到非指令性回应的光谱图

比如说，一位学员走过来问你，"我该怎样处理这些结果呢？"你的回复可能介于指令性到非指令性这一区间内：

命令："将结果导入到应用程序中，我会告诉你接下来该怎么做。"

提意见："泰勒是这方面公认的权威人士，你可以去阅读他 2012 年的论文。"

提建议："在我看来，泰勒的方法是最好的，但你也可以选择别的方法。"

提示:"看起来你好像没有读过相关文献?"(实际上回避了问题)

总结:"以下是我听到的你对这些结果的看法……"(聆听并讨论)

提问:"你觉得你应该怎么做?"(接下来提一系列的问题)

案例6 处理愤怒情绪

(伊恩·格雷厄姆)

医学课程传统上是以学生听老师讲课和学徒式的参与病房查房、随诊和调查来开展的,而导师指导没那么正式,内容也没那么成体系。人们慢慢意识到"满堂灌"的教学方式效果不好,因此要求师生间在课堂上增强互动,从死记硬背的学习转到提高临床问题的解决能力上来。现在,医学院的大多数课程都会教学生如何平复家属的丧亲之痛,但很少对学生就如何与家属进行沟通或处理家属的愤怒情绪方面进行指导。

乔(Joe)是一名实习医生,他的勤奋是出了名的,工作经常加班加点。当时是晚上8点半,他想跟我谈谈。在做完12例冠状动脉造影和1例心脏起搏手术后,我几乎和他一样,看起来很累,但我一眼就能看出来,他有心事,于是我们端着咖啡来到我的办公室。

他说:"格雷厄姆教授,管理员给了我这封信,要我回复,可我不知道该怎么回。"

我心想这是一个很好的开端。"既然这样,先告诉我发生了什么事,然后再来看看那封信。"

乔告诉我,他已经连续工作了 20 个小时,而且还有很多工作要做。这位患者在血管造影手术后曾出现过一次轻微的中风,这让他感到非常害怕——患者突然讲不出话来,手臂也感到无力,好在后来完全恢复了。于是患者的家人把乔堵在走廊里,不让他去找任何人,一定要知道"出了什么问题"。他们说我们"一定是在掩盖事实",因此决心要"查明真相,找出责任人"。乔想方设法向他们解释,患者有个小血栓,这个血栓又是如何导致其偏瘫和不能说话的。他想继续解释,这时家属中的一个人对他大喊,"看,你又想拿医学上的官样文章来糊弄我们,我们不会善罢甘休的"。乔坦白道:"说实话,我气炸了。我有 100 万件其他的事情要做,当时我可能对他们大声地说了这样的话,'行,随你的便,别挡道,我要做事了'。"

我再次感觉到,他为人诚实,因此问题有望得以解决。我说:"好吧,也许你处理问题的方法不是很妥当,但我很能理解那种身心俱疲、不堪其扰的感觉。我们来看看这封信吧。"

这家人要求给出合情合理的解释,并做好了"采取进一步行动"的准备。但坦白说，与我看过的一些信件相比，这封信还不算太出格。尽管事态很严重，而且这家人显然还在气头上，但从其语气和措辞来看，还有商量的余地。信中提出的主要问题是：

- 医务人员似乎忙得不可开交，几乎无暇与别人说话。
- 他们的父亲，也就是这位患者，还有他们自己都被刚刚发生的事吓坏了，有好几个小时患者都说不出话来，脸是歪的，还流着口水，胳膊也不能动。
- 好不容易找到实习医生询问情况时，他们又对医生所说的东西一窍不通，不知道手术是否会对患者造成永久性损害，或者这种病还会不会复发。
- 实习医生吼了他们。

我们停下来思考了一阵。我对他说，参加工作不久，我也"被别人闹过，也吼过别人"很多次。我还说，他开诚布公、毫无保留的态度有助于我帮他解决问题，同时，这封信在我看来也一样实事求是。在随后的讨论中，我们探讨了以下问题，客观地说，他的贡献不比我少，甚至更多。

- 这种工作制度不公平，工作时间长得离谱，我们还得表现得像天使一般，不能有个人情绪。

● 我们没有受过处理愤怒情绪的训练。

● 我们收到投诉，可能是因为我们有什么地方做得不对，或者是因为患者家属无理取闹、胡搅蛮缠，也可能是因为我们没有很好地与他们进行沟通。凭我的经验，我认为最后一个原因是目前最常见的。

● 我们没有学过沟通技巧。有关这一问题的大量文献告诉我们，问题主要出在沟通时我们使用了大量的医学术语，提供的信息量太多，高估了人们对卫生知识的了解水平，以及不了解受到惊吓的人是听不进或理解不了别人的解释的。

那么接下来该怎么办呢？我们考虑过给他们回封信，但我们最终决定，最好尽快与患者的家人见个面，答应他们给出充足的时间来听取他们的心声，和他们一起认真查看病历本，这样一步一步来。我问乔是由他自己来处理这事，还是希望我来处理，或者我们两个人一起来处理。他选择了后者。值得称赞的是，他告诉患者家属他当时太累了，说话态度不好。他把责任揽到了自己身上，这证明他已日渐成熟。进行类似这样的见面指导时，一开始，导师的肢体语言可能会显得僵硬，有时（情有可原地）带有指责的意味。但这位实习医生真诚坦率，还一度泪流满面，这对消除我的紧张情绪起到了不小的作用。对所有人来说这都是一次学习的经历，对我来说也是。最后，患者家属很感谢我们，乔更是对我感激不尽。

6. 提供建设性意见和结构化反馈

学员常常要求导师给出建议。但"建议"一词在不同的语境中有不同的含义。例如，一位员工眼看就要挨骂，老板对他说"我给你提些建议"，这时"建议"一词指的是对员工工作表现的反馈。老板说话的语气以及当时的语境甚至可能让员工觉得有点威胁的味道，因而员工对如何回应这个"建议"是没有真正的选择权的。相比之下，如果患者对某些症状感到担心，就会去咨询医生。此时，患者是在寻求专业建议。医生在提建议时，不能强求患者接受自己的治疗方案。医生应充分意识到他只能向患者推荐某种治疗方案。同样地，你作为你所在领域的专家，在以上两种截然不同的情况下，可能也会遇到需要给学员提供建议的场合。一种情况类似于医生，你要从你的职业角度给出建设性意见；另一种情况则是向学员就其工作表现提出建议，这类建议应该以结构化反馈的形式提出。下面我们将分别讨论这两类不同形式的建议。

提供建设性建议

职场导师指导和高管辅导之间的主要区别在于你是否站在专业的角度提供建议。高管辅导老师接受的训练是不给别人提建议，他要做的工作是帮助客户独立思考，让客户自己找到解决方案。无论如何，辅导老师都不是他们客户所在领域的专家，因此无法提供专业建议。相比之下，从定义看来，职场导师是学员所在领域的专家，具备提供专业意见的资格。作为科学家和工程师，除了普遍意义上的指导，我们还要学会给学员提供技术上的建议。因此，当学员向我们寻求建议时，我们自然的反应就是直接给出建议。然而，在指导过程中，导师直接给出建议不见得是最好的反馈。学员寻求建议的原因最常见的有：纯粹不想动脑筋，缺乏信心，或不愿意承担所做决定带来的风险。所有这些原因都说明学员存在一种潜在的不愿承担职业责任的心理。因此，与其给学员提供建议，不如给他们设定一些诸如阅读教材或论文的任务来得更有效果。然后，你可以安排一个后续的见面会来支持他们，并帮助他们利用新的信息来思考问题。

然而，有时候导师也会给学员直接提建议，这在导师指导中有必要，也很有用。出现这样的情况，可能是因为学员不在现场，或在外地，或在诊所，不能去图书馆，因而无法在合理的时间内获取相关知识。在长时间的技术讨论中，为了让学员取得进步，导师提出一些建设性的建议也很有必要。另一个原因可能是学员所需的知识过于专业和高深，他们不能独立地解决问题，这就好比患者在对医学知识一窍不通的情况下会去看医生一样。**因此，如果师生同属一个职业，这种情况相对而言并不多见。**

提出建设性的建议意味着要进行合理的判断，而进行合理的判断往往被错误地认为是一种天赋。这种天赋一些人具备，一些人不具备。进行合理判断本身实际上就是一种职业能力，是通过学习得来的一项技能。科学、技术和工程培训的主要内容包括学习收集证据的方法，以及如何将一般理论、实践和规则应用于收集到的证据，以得出结论和意见。所有可靠的专业判断或意见都应明确地以证据为基础。关于如何提供建议，最好看看那些经验丰富且享有声誉的家庭医生和律师是怎么做的。加尔文（Garvin）和马戈利斯（Margolis）在 2015 年就如何提供专业建议进行了非常有益的讨论。以下推荐的提建议的办法和图 2-4 的流程图，是针对导师指导这一特殊情况改编的。

多余的建议指的是没人要求你提的建议。即使你所提的建议是出于好意，很多时候也会被不当回事，甚至让人不高兴。在指导过程中，如果你意识到学员需要一些信息才能在工作中取得进步，在还不知道学员是否想听的情况下，不要提供这些

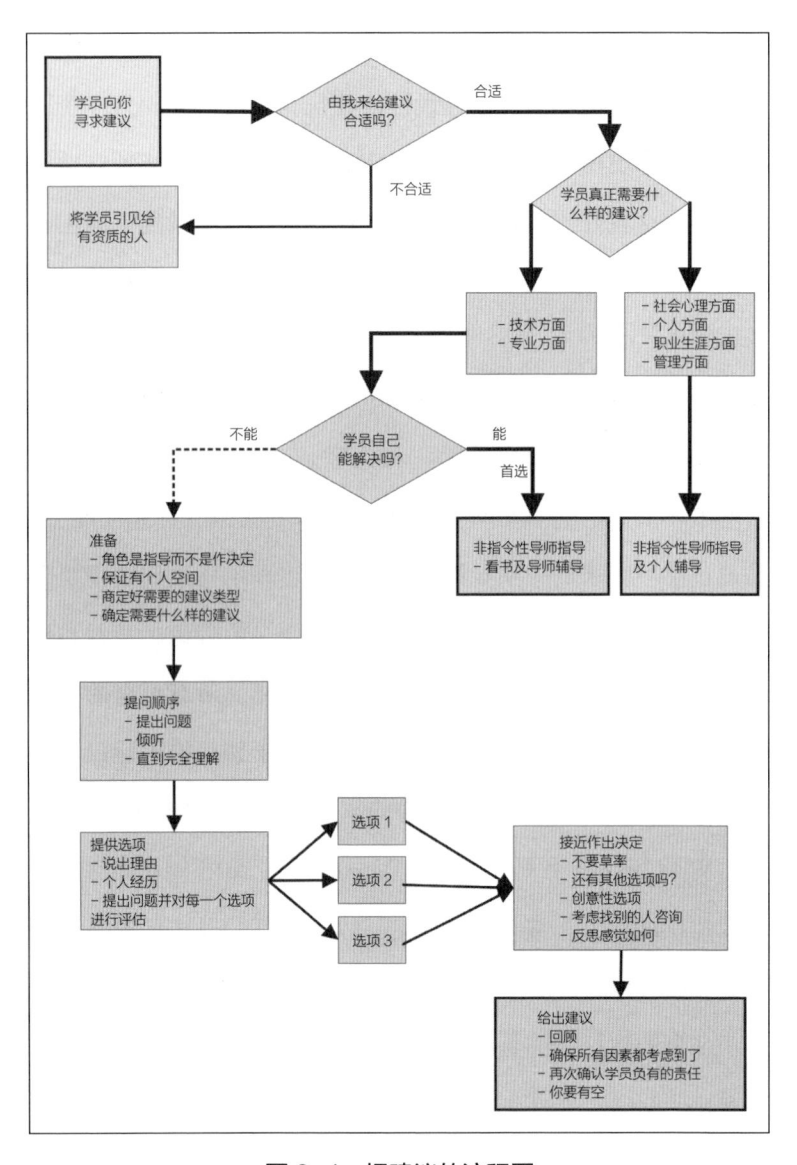

图 2-4　提建议的流程图

信息或者给出建议。即使学员表明他们确实需要得到这方面的信息，一个更有效的方法通常是让学员在讨论的过程中进行提问，使其意识到他们确实需要那个特定的信息。

如果你已决定要给出建议，而且觉得还可能需要点时间，比如支持某人职业转型的决定，那么首先你要做好准备。找一个不被打扰的私人空间，并将时间限定为大概 30 分钟。确保你是给出建议的最佳人选，并且具备所需的专业知识。你还要向学员说清楚，你的角色只是提供指导，而决定权在他手上。通过提问，双方都能了解到究竟需要什么样的建议，以及涉及的所有具体细节。

下一步是尽可能多地提供合理的备选方案，说出你的推理过程和个人经验，并提出开放性问题来帮助学员评估每个备选方案。接下来不要着急，也不要给学员施加压力，一步一步引导他们，让他们自己决定。确保没有遗漏任何一项备选方案，而且每一个假设都得到了验证。再次明确双方业已达成的共识，即决定权完全在学员手上。图 2-4 对这些步骤进行了归纳和总结。

练习5　建议的好与不好

找个搭档一起，轮流进行练习。重点关注：

- 理解提有效建议的过程；
- 练习基本的指导技能——倾听、提问、建立信任和灵活处理。

描述你提供建议或接受建议的一次经历，你的搭档在一旁倾听你的描述并偶尔就有疑问的地方提一些问题。实际体验如何并不重要，你的目标是理解这个过程。

每人 15 分钟，互换角色，然后花几分钟讨论你理解到的东西：

- 环境和背景是什么？
- 涉及哪些人（包括第三方，必要时可以使用假名）？
- 提建议时和之后的真正结果是怎样的？细化整个过程。
- 你的反应是怎样的？感觉如何？
- 是什么因素使得这个建议有效或者无效？
- 如何才能改进和落实这个建议？

结构化反馈

在本节中，"建议"一词代表的是其另一种含义，指的是对**个人表现或行为的反馈**。这种反馈既可以是积极的，比如对做得好的事情表示赞许和祝贺；同样也可以是消极的，比如对某个错误的行为或者糟糕的表现表示反对，提出批评。积极反馈在鼓励他人和强化对未来发展有用的行为方面至关重要。负面反馈，如果提出得恰当，可以让人头脑更加清晰，促使自己作出积极的改变。一个建议要促进积极的改变需要具备两个基本条件：

- 建议的接受者必须信任反馈者提出的意见。
- 建议的接受者必须感觉到反馈者提建议的方式得当，内容具有建设性。

如果这两个条件都不具备，建议的接受者又把反馈看作是一种侮辱或威胁行为，那么他可能会产生强烈的负面情绪，感到困惑不解，进而使其望而却步。相比之下，良好的反馈可以增进感情、建立信任，从而使接受者与反馈者建立开放而坦诚的关系。富有技巧的负面反馈可以让接受者在其职业生涯中迈出重要的一步，他甚至可能会对反馈者感激不尽。

提供建设性反馈的十条准则是：

亲自给反馈。面对面，并进行眼神交流。给予负面反馈时要注意尊重对方的隐私，要保证其有不受干扰的空间。如果有其他人在场，积极的反馈会起到更好的效果。

做好准备。想好怎样让别人听你说，组织好要说的内容，并确保你所说内容的真实性。

反馈的动机要纯。别有用心（如报复、支配和操纵）的动机迟早会在反馈中表现出来，从而损害双方的关系。

坚持为取得积极的建设性成效而工作这一出发点。有意识地设定的目标会无意识地引导我们的行动，积极的心态更有可能产生积极的结果。

要做到客观。清楚地区分事实证据和你自己下的结论，区分你看到的行为和你自己对这些行为的意义的解读。

要认识到你可能会得出错误的结论。给他们辩解的机会，并根据新信息对你的结论进行修正。

保持尊重的态度。即使你不同意，接受者也有权利表达他的意见，管控好自己的非语言表达，注意观察接受者的反应。

永远不要针对个人。把重点放在事实和行为表现上，而不是放在人身上，辱骂和人身攻击只会给对方带来紧张和不满的情绪。

不要泛泛而谈。反馈要具体化，细致入微。例如，不要说"你做了一个很好的报告"，而要说"你的报告解释得很清楚，我完全理解了这个问题"，类似这样的话会更有效果。

让你的评论清晰、简洁、切题。直截了当地回答棘手的问题，态度坚定但不失礼貌。不要废话连篇，强词夺理，也不要把好的和坏的混在一起，这可能会让人感到困惑。

大多数权威的辅导教科书，包括斯塔尔、霍金斯和史密斯编写的教科书，都对各种类型的反馈进行了详细的描述。给人提供反馈涉及对人负责的问题，帕特森（Patterson）等人在2013年就这一棘手的问题提供了大量有用的信息。

案例7　您以前从来没有这么说过

（伊恩·格雷厄姆）

我是一名心脏科主任，我对我们每月举行的多学科会诊感到很满意。每个人都勇于表达自己的观点——虽然资历深的人可能说得更多，听得更少。在人手和设备都不足的情况下，我们仍竭尽全力，加班加点。这个月尤其艰难，很多人都累趴下了。我们克服了所有困难，在某个阶段，我和大家说："伙计们，大家都知道你们很棒，不过这还不够，我们还要更努力，还要加油。"资历最浅的技术人员小声说道："先生，您以前从来没有这么说过。"我顿时感到无地自容。难道我以前真的这么愚蠢吗？愚蠢到我会以为他们能意会到我实际上从未说过的话。从此，我学到了表扬是需要说出来的。

练习6 角色扮演：提供结构化反馈

任务设置：和你的搭档找一个安静、不受打扰的地方。回想一下你一直在回避的一次艰难的对话，或者之前进行得不顺利，但想一想你本可以做得更好的一次对话。你的搭档充当你的反馈对象，反过来，你的搭档也会从他的角度就你的反馈进行反馈。商定好时间，比如每人反馈10分钟，然后互换角色。

请注意，这项练习可能会让人情绪低落。选一个简单的反馈场景，避免过多的情绪负荷。不要选择一个在现实生活中与你的搭档有关的场景。与之前说过的一样，场景实际如何并不重要，重要的是了解方法。

计划：用两分钟的时间向你的搭档解释有关情况，包括你的意图、动机和目的。计划好角色扮演的地点、顺序、场景以及预期的效果。

开始角色扮演：不要闲聊或寒暄，开门见山地说出你想谈什么，以及为什么要解决这个问题。可能是同事要求反馈，也可能是你作为主管，有义务提供反馈。你可以在征得对方的同意后对其表现给予负面反馈，例如，"你我都已同意了，我作为你的导师，有责任让你担责。那我们可以谈谈你没有提交职业认证申请的原因吗？"

说你想说的：说出你给出这个反馈的原因，以及你希望得到的结果，例如，"我的目的是帮助我们双方从这次经历中吸取教训，并且提升你的工作业绩"。为了缓解焦虑和紧张的情绪，有时候你并不打算说的话反倒会有帮助，例如，"这里不存在有什么惩罚的问题"。保持尊重、严肃的态度，注意说话的语气，同时确保你的行为和目的保持一致。

提供证据：对特定的行为或行动提供客观的证据和描述。千万不要轻描淡写，也不要意气用事，乱下结论。要保持客观公正，例如，"我听到你说……""我看到你……""在你报告的第 15 页，你说……"。

给出你的阐释：紧接着，谈一谈对于这些证据你是如何看待的，或者你得出了什么结论。"……所以我想……""这让我觉得……""因此我猜测……"，你要有自己的结论，不要以偏概全，或代入受害者的立场。不要说诸如"每个人都说……""这真是太糟糕了……"，或者"你让我感觉……"这样的话。

引出回应：接下来，让你的搭档进行回应和纠正。请记住，按理说他在语气上会有所缓和，虽然你自己可能没注意到，例如"我理解对了吗？""你怎么看？""你的意图是什么？"，或者"你现在要做什么……？"

得到负面反馈时，你可能会有很大的抵触情绪，也许这种情绪还会愈演愈烈，但要坚定你的想法，保持客观、冷静，并尊重对方。

如有必要，可以把你的意图再说一遍，还可告诉对方你的本意不是为了惩罚。把关注点放到你想要得到的结果上。同时，对任何贬低你经过深思熟虑而提出的建议的行为要给予关注和尊重。对于负面反馈，接受反馈的人可能会说，"哦，算了吧！这没什么大不了的"。或者当受到表扬时，接受反馈的人会说"其实这没什么"。在这两种情况下，那些你经过深思熟虑提出的建议的效果都大打折扣。**要讲清楚可能会产生什么结果，最后，说说后面会发生什么。**

结尾可以是这样，例如"结果是……""这肯定意味着……""因此我们需要你……"。如果你想要他改变一些具体的行为方式或做法，要明确地说清楚需要改的是什么。更重要的是，要搞清楚他们是否具备相关的知识储备，以及知道用什么手段去完成它（即自我效能），比如，"你以前做过这种工作吗？""你知道怎么做里德测试吗？"。如果反馈是积极的，那么请注意，要告诉他结果令人满意，或者对他进行奖励，例如，"你上周的工作极大地推动了我们项目的进度，首席执行官对此表示满意"。要适当地表达你的感激、赞赏之情，如果对方需要你采取一些行动，一定要坚持到底。

7. 其他更多的指导技能

导师指导技能远不止以上所讲到的那些，绝大多数高管辅导技能也可用于导师指导实践。作为职业认证所需的能力，每个大的个人辅导和导师指导机构都列出了职业认证所需的辅导技能，并对这些技能进行了详细描述。个人辅导协会（AC）列出了 9 项能力（2020 年）。国际个人辅导联合会（ICF）提出了 11 项能力，并将它们分为四大能力群：打造基础、共筑关系、有效沟通，以及促进学习并收到成效（2020 年）。同样地，欧洲导师指导和个人辅导协会（EMCC）也列举了八大能力类型。以上分类说的是同一个东西，只是表达方式不同而已。其中，欧洲导师指导和个人辅导协会提出的能力类型最具代表性：

①了解自我的能力；
②自我发展的能力；
③管理契约的能力；
④建立关系的能力；
⑤培养洞察力和学习能力的能力；
⑥开展行动和获得成效的能力；
⑦使用模型和技术的能力；

⑧评价的能力。

其中能力①、②和⑧指的是个人辅导老师或职场导师对指导过程的一种自我承诺,包括自我管理能力的提升以及下一章要讨论的对一些指导原则的应用。能力③管理契约的能力是整个指导过程的核心,下一章会进行介绍。能力④建立关系的能力,包括建立信任关系的能力,以及见什么人说什么话,在什么情况下说什么话的技能;能力⑤培养洞察力和学习能力的能力,包括巧妙地提问,积极地倾听和反馈,以及向学员提供自己的参考意见的能力;能力⑥开展行动和获得成效的能力,包括厘清问题,制订计划和设定目标,以及解决问题的能力。最后,能力⑦使用模型和技术的能力将作为指导过程的一部分在下一章进行讨论。

案例8 一位学术导师的收获

(格斯·汉考克)

就导师指导而言,我和我的研究生导师都是学术上的新人。我是他带的第一个研究生,读本科时他直接指导过我。我的导师在指导方面很优秀,因而就如何成为一名导师,我在他身上学到了很多。我希望将我的体验与大家分享。

第 2 章 职场导师指导的基本技能

正强化：读研期间，为了解决一个之前留下的难题，我提供了一种新思路并付诸实践，导师由衷地为我感到高兴。我是在他的指导下才想到了这个办法，他给了我解决问题的工具和信心，让我继续走下去。而我带的很多研究生也都表现出了类似的独立思考能力。

时间管理：学术导师通常都会很忙，有各种各样的事要处理，但这些不能成为其拖延指导的借口。毫无必要地重新安排见面时间，或未能在合理的时间内批阅学生提交的作业等，这都是工作拖延的例子。如果你总是拖延，那就不要承担导师指导的工作。

回报：让研究小组成员每年参加一次愉快的学术会议，这也是我工作的一部分。对这个团队来说，这些都是记忆犹新的经历。

反馈：具备较好的口头表达能力是如今研究生培养的一项内容，在我整个导师生涯中，我非常强调这一点。导师和其他小组成员在学员口头陈述后会直接给予积极的反馈。

真诚：我有幸指导过许多有着辉煌学术成就的研究生。其他研究生也想取得卓越的成就，但我建议他们要实事求是，不要好高骛远，异想天开。

最后，作为牛津大学的研究生导师和大学的部门主任，我想谈谈在这期间我所看到（和犯下）的一些错误。45年前，我在牛津大学开启了我的学术生涯，我几乎没有接受过任何关于如何教学的培训。如今，情况有了变化，职业培训随处可见（近来，新任导师必须接受职业培训）。我见过的一些错误有：

沟通不畅：由于反馈很少，目标设定不当，对导师想要什么和学生能实现什么缺乏理解，我必须在导师和学生之间进行干预。一般来说，干预行动在结果已经很严重，彼此已经完全不信任这一较晚期的阶段进行。

疏于指导：这在人数很多的研究小组中很常见。由资历较深的博士后负责指导工作时，这种指导更多采用的是小组教学而非导师指导。我遇到过几个天资聪颖的年轻人，他们对没有分配给自己想要的导师感到失望，甚至一些人就是因为这个原因而退出了研究小组。

指导过多：与其他提到过的问题相比，这个问题似乎根本不是问题。然而我很早以前就犯过这个错误，因为我曾对学生说过可以随时来找我寻求指导。一名研究生向我询问一些自己事先思考一下就能解决的小事，弄得我不知所措。有一次，这位研究生敲门进来找我，我能听出是他在敲门，于是我躲在了桌子后面没见他。这太丢人了。在那之后，我跟学生解释说，我将告诉他们一些基本规则，特别是让学生更清楚地思考所发现的问题，而不是简单地问我解决方案。这样做的效果比我预期的要好，结果就是他们都成功获得了博士学位。

第3章
职场导师的指导原则与过程

1. 指导原则

原则一：树立意识是导师指导的首要任务

"**导师**的主要作用是让学员发现可能的选项，帮助学员为他们的决定承担责任，通过这种方式，他们可以找到属于自己的角色、关系、任务、活动，乃至整个**职业生涯**的路径。"

上文来自格式塔个人辅导学派最著名的代表人物之一约翰·利里－乔伊斯撰写的关于个人辅导原则的表述，这里稍微做了点改动。改动的地方是将"个人辅导"换成了"导师"，将"生活"换成了"职业生涯"。德语单词"格式塔"是一个描述性名词，意思是某件事是完整的、整体的或正在形成某种模式。格式塔心理学家和辅导老师的工作程序是，帮助客户了解所讨论的主题，让他们对自己的选择有一个整体的理解，从而在人生的大背景下决定他们未来的行动。学员来找你，是因为职业实践的某些方面已经成为他们关注的焦点。你的工作就是帮助他们充分了解与他们的实践相关的所有东西。这样，他们就会想去使用他们新获得的知识和技能来发展他们的职业生涯。

树立意识，或者说意识原则，有两个重要的推论。第一个推论是，**有效的指导本身就是一项技能性活动**。导师指导不仅是告诉学员关于这份工作他该知道的东西，除此之外还有更多的事情要做。指导是一种人际沟通技能，可以提高受指导者的自我意识，激励他们学习和提升自己，就像其他任何沟通技能一样，它可以通过实践来学习和培养。第二个推论是，**有效的指导是以结果为导向的**。遇到问题时，我们可以采取两种截然不同的态度。一种是问题导向，它让我们陷入一个循环的讨论中，问题一个接着一个，永远得不到解决方案。相比之下，结果导向则侧重于寻找问题的解决方案。导师指导中，结果导向会将受指导者当前面对的问题的解决方案与他的直接目的和未来的职业方向联系起来。意识原则提醒我们，任何指导活动的预期结果都是为了让学员获得知识和技能，以便在实践中加以运用。让你的学员意识到在任何特定情况下，他都有权决定自己想要什么。导师指导不仅是一次愉快的智力讨论，还应该始终包含一种"可以做"的开放态度以及预期可以获得的结果。

原则二：指导须以客户为中心

借用咨询服务中的一个术语，现代指导是"以客户为中心"的。20世纪50年代，心理学家卡尔·罗杰斯提出了一种治疗方法，这种方法关注的是客户如何看待自己，而不是咨询师如何解释他们无意识的想法。实际上，这种方法是非指令性的，依赖于客户的内在动机和作为一个成年人的理解能力，而不是咨询师指示客户该怎么做。如果将这种以客户为中心的方法应用于导师指导中，**这就意味着指导的重点和主要受益者必须始终是学员**。导师或者导师指导活动的发起人不应该将解决方案强加给学员，而应该鼓励学员培养职业精神。导师指导活动的发起人或其他任何人都可能会间接得到一些利益，这是可以接受的，前提是不能不关注学员的发展，也不能与学员发生利益冲突。

尽管以客户为中心的原则显而易见，人们几乎都觉得理所当然，但当该原则与其他人对学员的期望发生冲突时，可能会出现一些特殊状况。公司制订培训计划通常是因为主管们意识到，为了实现公司的目标，需要完善或提高专业技术人员的职业技能。在这种情况下，培训计划显然是以公司为中心制订的。在大多情况下，专业技术人员乐于接受为他们提供的培训，因为这可以强化他们自己的知识基础，而且自己无须承担任何费用。作为正式培训课程的一种辅助手段，导师指导是迄今为止将正式培训转移并融入个人实践最有效的方式。如果学员和导师不匹配，双方不情愿建立指导关系，或指导关系的一方或者双方对培训的方法和培训的主题感到不满意，那么这样的指导和培训都不是以客户为中心的，因而可能会出现无法产生任何效果的风险。所有由公司发起的培训和指导活动都必须得到受训者、学员和导师的"认可"，这样才能有效果。

原则三：对自己负责

我们都知道，一个能力强的职业科学家或工程师应具备的基本素质包括**对自己的行为和表现负责，保持独立的心态，不断地自我激励**。这些素质的培养需要学习者从一开始就对自己的职业发展负责。这也意味着他们要接受自己独立选择所带来的风险。

一个重要的推论是，应该是学员向导师（而不是导师或者老板向学员）寻求帮助，自主选择讨论的主题，以及设定自己的学习目标。乍一看，这一原则似乎有违常理，毕竟，导师更有经验，肯定是他懂的东西更多吧？然而，答案很清楚，学员已经是成年人，并非小学生。依照以客户为中心的原则，他们可以自由地选择自己的职业道路。

对于那些刚毕业的新入职者，由于他们在上学期间一直接受的都是填鸭式的教学方式，因而可能不喜欢这种自己对自己负责的指导方式。他们只是期望老板为他们请一位导师，负责培训他们，告诉他们该怎么做。如果他们不知道对自己负责这一原则（而且实际上大多数人都不知道），那么我们该如何来开展导师指导呢？解决这一难题的一个办法就是对应届毕业生进行入职培训。这个问题将在第3章第2节进行进一步的讨论。在指导开始前的调研和签约阶段（参见第3章第2节），你应该向学员解释自己对自己负责的原则，向他们强调，指导过程中产生的任何结果皆由他们自己承担全部责任。

另一个推论是，如果学员未能达到目标，导师也不应对此承担责任，反之亦然。如果学员的失败不能归咎于你，那么他的成功也不能归功于你。导师就像化学反应中的催化剂，或者是负责接生的助产士，**导师指导纯粹是一种辅助活动。**

对自己负责的原则还意味着，指导必须是**双方自愿的**，强迫只会适得其反。老板要求所有人一起参加导师指导，说明他没有遵守自己对自己负责这一原则。同样，你也没有权力要求你的学员必须听从你的指示或建议。你只能向学员提供指导，他们可以接受也可以不接受。

原则四：内在动机

过去几十年的实验心理学研究支持这样一种观点，即人类天生富有创造力，他们反应机敏，懂得上进，有能力提出解决问题的办法。我们实现自身所追求目标的内心愿望，比来自外界的任何奖励或威胁都要强大。这样一来，对领导层而言，让员工相信工作本身是值得努力和付出的，要比威胁他们下岗或答应给他们加薪效果更好。由此也可以推断，缺乏动力一定是因为这种自然驱动力受到抑制而造成的。2002年，加尔韦（Gallwey）在关于这个问题的一次被广泛提及的重要讨论中，将内在动机原则的后果表达为一个概念公式。衡量一个人的实际表现，我们可以通过将其潜在表现减去名义干扰度计算出来。后者可能是由负面情绪造成的，比如感到自己无能为力、资源不足，或者在需求上出现冲突。内在动机原则更深远的影响是，每个人天生都有能力取得比现在更多的成就。人们只要克服干扰，摆脱束缚，自然会取得更多的成绩。

因此，如果你的学员看似对正在讨论的某项任务缺乏动力，那么想要把指导工作推进下去就不能靠讲道理、承诺回报或者威胁的方式来实现。相反，你必须帮助他们找到受阻的原因，并对这些原因进行细致的分析，以帮助他们找到一套自己的解决方案。你能为学员提供的最好的服务就是帮助他们重新发现自己与生俱来的内在动机（参见第4章第6节）。

原则五：道德责任

如果导师有能力促进学员的职业发展，那么相应的潜在危害也是不可避免的。没有效果的导师指导会对学员的表现产生负面影响，会让学员滋生消极态度，失去前进的动力，感到巨大的压力，情绪低落，在最坏的情况下，甚至会毁掉其整个职业生涯。虽然学员应该为自己的行为承担个人责任，但因他们始终信任导师，因而**导师也有义务关爱学员**。导师须遵守严格的职业道德，这不仅是为了保护学员，也是因为导师本身就是他们学习的榜样。这里谈到的有关导师指导的道德原则是根据专业的个人辅导和导师指导机构所要求的原则改编而来的。

导师有义务关爱学员，其底线就是不要伤害学员。导师必须自觉坚守职业底线，遵守法律，以及不与学员产生不当的互动。此外，导师还须遵守一些特定的职业要求以及行为规范：

- 尽最大努力指导好学员；
- 坦率、真诚，尤其是对指导成果的期望要实事求是；
- 认真管理好指导过程；
- 对学员信息进行严格保密；
- 坚持职业操守。

效果良好的导师指导是一项技术活。与任何其他职业一样，从事指导工作的人有义务不断地更新自己的知识和技能，换言之，就是要进行职业继续教育。这意味着，导师不仅在指导的内容上要进一步学习，在指导的方法上也要接受培训。对专业辅导老师来说，"督导"一词在特定语境下是督促、检查辅导老师的辅导情况和效果的意思，有点像是对辅导老师进行指导。因此，导师也需要"督导"的指导。

案例 9 说明了信念的力量。以人为本的信念可以造就科技领域的领军人物。

案例9　关于创新（以及导师指导）的道德伦理

（蒂莫西·布伦德尔）

2000 年，英国首相托尼·布莱尔（Tony Blair）领导的工党政府与工会达成协议，支持建立国防多元化机构，将冷战期间在英国开发的军用技术转移到民用领域，就像《以赛亚书》（the Book of Isaiah）里说的那样，铸剑为犁。我的导师欧内斯特建议我加入这个机构，这一次我依然听从了他的建议。当时，国防部雇用了大约 1 万名科学家和工程师，目的是让他们去刺激英国的经济创新。他们都是经验丰富、身怀绝技的人。我的新同事曾发明过液晶显示器和碳纤维，开发了能应用于太空和海底的卫星和传感器。正是在那里，我遇到了安东尼娅·怀特（Antonia White），她负责该机构在北爱尔兰、苏格兰和威尔士的业务。

与欧内斯特一样，安东尼娅坚持的原则是创新要以人为本。

与苹果公司的乔纳森·伊夫的观点一样，她认为交到人们手中的科技产品一定是能够永久改变他们体验的产品：你必须考虑到产品使用者的感受，并能够满足他们的愿望。她提出最后一条建议是关于道德方面的，她说："你具备做一些事的能力并不意味着你就应该去做这些事。"我们设计和使用技术的方式对我们每个人的生活都有好和坏两种影响。

在之前的章节我们已经讨论过各种效果不好的导师指导（参见第1章第5节）。事实上，导师指导没有效果是因为导师违反了一项或者多项指导原则，也可能是因为导师缺乏相关技能和管理不力。导师指导要想获得成功，关键取决于以下三个因素：

- 遵守指导原则；
- 运用一些特定的技能来树立意识；
- 对指导过程进行有效管理。

练习7　如何将指导原则运用于实践

关于选择

想象一下，一家公司发现自己的职业科学家在某些专业技术领域缺乏一些技能，因此需要在这些领域丰富他们的知识，提高他们的技能。尽管如此，董事们并不想招聘新的员工，因为这会增加工资支出。相反，董事会成员会指示首席执行官为初级科学人员制订培训计划，并从经验丰富的员工中挑选出一批人作为导师为其提供支持。首席执行官与其他人员协商后，将确定培训计划应涵盖哪些科目、提名受训人员和导师，并委任一名培训经理负责计划的实施和师生的结对培养。导师的作用是督促学员在学习上取得进步，帮助他们在专业上获得更高级别的资格认证。如果你是导师，你的一名学员跟你说，他对课程的内容不感兴趣，这些课程对他的职业发展方向也起不到引导作用，因此他来征求你的意见。

- 你会给他什么建议？
- 你既要对受训人员负责，又要对雇主负责，你将如何解决他们间的利益冲突？

（提示：参见第3章第2节）

你的责任是什么

首席执行官告诉你要给刚来不久的某位专业人员做导师，他说："你的工作是帮助他通过职业认证。"因此，你安排与你的新学员见一次面，进行一些指导。你告诉他要学习哪些内容，给他布置练习，推荐一些期刊文章和论文供他课后自学。如果他在所讨论的主题中有任何技术问题，可以随时与你讨论。但是，他找借口缺席了几次之前安排好的见面。从他参加过的几次师生见面会的问答情况看来，很显然他没有仔细研读参考资料。他如期向作为职业认证授予机构的学会提交了申请。经过充分考虑，学会通知他，他的申请被拒绝了。随附的一封信就如何改进他以后的申请提供了建设性的建议。该建议可以简单地概括为"做好更充分的准备"。首席执行官找你过来谈话。

- 首席执行官将学员申请被拒绝一事归咎于你，合理吗？
- 你该如何管理指导活动，从而让你的学员申请成功的概率更大？

（提示：请参阅原则三，以及第3章第2节）

保密的代价

你是一名高级主管，负责指导别的部门一名刚来不久的科学家。你知道导师必须懂得保密，才能建立并保持学员的信任。该学员的部门经理来问你，这名学员在培训和指导方面的进展如何。

- 你将如何处理部门经理想了解的有关信息与需要为学员的隐私保密之间的利益冲突？
- 你的学员向你透露过他在之前的工作单位犯过一个错误。虽然不违法，但如果泄露这个错误可能会对他的职业生涯有不良影响。你会把这一信息告诉给他的部门经理吗？

（提示：请参阅第 5 章，以及原则五）

指导的时间

你是一名高级工程师，最近在公司推出的一项导师指导计划中，你被提名为导师。尽管这是多出来的一项工作，但这一新的职责是对你专业知识和资历地位的一种认可。你处在花一定的时间来实现确定好的绩效目标与达到这一目标所需付出的指导时间之间的冲突之中。

- 对于这种时间上的冲突，你会怎样处理？

（提示：请参阅原则三和原则五，以及第 5 章）

2. 指导过程的框架

传统的导师指导不是结构化的，而是较为随意的。导师和学员不定期会面，讨论他们对各种主题的共同兴趣。到了一定的阶段，他们见面的次数会减少，他们之间的师生关系也会随着其中一方的离开而逐渐消失。这种传统的指导方式在过去通常效果很好，所以很多人会就此满足。可问题是，传统的指导建立在一系列期望的基础之上，而这些期望又是没有被明确表达出来的。除非导师具有高水平的人际交往能力，否则传统的方法很有可能浪费时间，收效甚微。

传统的导师指导是一项非结构化、开放式的工作，其要求宽泛而模糊，过程可能无休无止、漫无目的。许多刚上任的导师担心，如果不给学员设定限制，学员就会觉得只要有需要随时都可以去找导师，而这会占用导师的大量时间。避免非结构化指导所带来的问题的最好方法就是了解上一节讨论的那些原则，并就如何在实际工作中落实建立基本规则。当下的导师指导建立在一套双方经过开诚布公的商定而形成的程序和能取得某种效果的系统方法的基础上。

指导关系可以包含非常宽泛的问题。我们将它的范围缩小，把开展指导活动看成一种特定的学习方式或解决某个问题的办法，这样对我们会有所帮助。例如，导师指导的目标可能是让学员获得某项技能，进而帮助其实现职业上的转变，取得更高的职业资格，或者帮助学员解决某个动机问题。无论目标是什么，指导活动可大可小，小则进行一个简短的见面会，大则准备一段长时间的系列见面会。如果指导活动的目标较为宏大，可以将其分解为一系列较小的目标，一步一步地取得预期结果。无论要达到什么目标，每个指导活动都可以分为4个步骤：

步骤1：建立联系；

步骤 2：开调研会；

步骤 3：当面指导；

步骤 4：反思和总结。

步骤 1：建立联系

对于希望接受指导的年轻专业人员来说，与导师建立联系是他们面临的第一个挑战，也是最大的挑战。传统导师指导或非正式导师指导中，与导师建立联系通常始于一次偶然的见面或一次谈话，之后，便有了一系列专门的见面。职场导师指导计划中，师生关系的确立完全按照计划中安排好的师生搭配来进行。这类计划可以是高度结构化的，也可以是非正式的，这要看是由组织还是由个人来发起这种关系。

非正式的导师指导计划由一些组织，或是一些专业协会和机构来实施。实际上，它们做的是一些简单的联络服务。通常，协会将保留一份自我提名的导师名册以及他们的一些个人信息，包括他们的专业领域和联系方式。对于那些正在寻找导师的协会成员，他们可以仔细翻看名册，然后走程序，主动联系这些导师。除了提供普遍适用的建议，以及可能进行一些培训，协会不会进一步参与个人的导师指导活动。

正式的导师指导计划如今在一些大型的科学和工程公司以及公共事业单位相对普遍。通常情况下，相关部门负责监管该计划，组建导师小组，召集要接受指导的学员。师生关系的建立是通过复杂的匹配过程来实现的。师生匹配的方式有很多，可以是非正式的临时安排，也可以走更为复杂的程序，包括进行人格特征的问卷调查，目的是让性格相似、能力相当和职业兴趣相同的人相匹配。然后，匹配好的师生召开指导见面会。见面的次数和频率可以预先确定好，并对记录、检查、报告以及进展评估提出具体要求。最理想的指导计划要涵盖导师对学员进行全方位培训的内容，还要对导师的表现和产生的效果进行专业监督。指导计划的结构将在第 5 章中进行概述。

　　作为一名自愿担任导师的高级专业人士，你可以为师生关系的建立提供便利，但你不应主动去建立这个关系。尤其是，你不能强迫任何人作为你的指导对象，也不能试图"推销"你的指导服务。你能做的就是让自己变得平易近人，如果有机会，可以与潜在的学员讨论导师指导的实施方式，或者安排其他时间与他见面聊天。如果学员对指导的方式产生困惑，表示不理解，那么你可以简要提供一些关于指导的原则、指导的定义以及指导之能和不能等一般信息。告诉他们与未来的导师相处时为什么自己一定要主动。建议潜在的学员可以通过参加专业会议、使用社交媒体或报名参加非正式导师指导计划来寻找导师。如果他们对你表现出兴趣，你认为自己也能提供帮助，原则上，你可以告诉他们你愿意提供帮助，而且你也认识其他可能帮得上忙的人。告诉他们在调研会上接近未来可能成为他们导师的人的最好办法（参见下一节）。

步骤 2：开调研会

在答应指导一个人之前，无论这个人是谁，你首先需要评估自己是否与这个潜在的学员相匹配，也就是看你们是否可以有效地合作。当你遇到这样的问题，最好的办法是召开一次简短的调研会。用个人辅导的行话来说，这是一次"碰撞火花的会议"，这个术语源于"人际火花"，指的是你们相处的契合度。除了了解未来的学员希望在指导中实现的目标外，你还可以知道他们对指导过程的了解程度。如果他们只是略知一二，甚至在理解上出现偏差，你可以大致向他解释指导原则和指导流程方面的知识，还要设定基本的规则，特别要向他们强调自己要对自己负责，要勇于担责，要保守秘密。对学员来说，这是一次非常有效的"试听课"，这里你应该用到上一章中讲到的技能以及本章描述的原则和过程。练习 8 就召开调研会提供了一些建议。

练习 8　对召开首次调研会的一些建议

你要进行一个新的指导项目时，可以与搭档进行角色扮演，也可以尝试以下方法。

与潜在的学员约一个 30 分钟的见面时间，然后按照如下步骤进行：

- 安排在公共场所见面，一定要安静，这样的环境会使学员感到安全和舒适（例如在咖啡馆或酒店大堂）。
- 保持放松、随意的状态，目的是让学员感到轻松自如。他会期望这次见面会由你来主导。花几分钟时间（只是）聊聊家常——点杯咖啡，聊聊你们都认识的人，都知道的地方以及感兴趣的共同话题。这样，双方可以彼此了解，并有助于建立融洽的关系。
- 首先说明见面的目的是什么，以及这次见面你打算花多长时间（30 分钟左右是正常的）。向他说清楚你们不是非得进行结对指导，也不需要解释拒绝结对指导的理由。
- 倾听远比说话重要。让学员感觉到你在听他说话，而且理解他讲的东西，这一点很重要。如果你发觉自己说得太多，可以问一些问题，鼓励学员积极交谈。
- 搞清楚学员的想法。了解他认为你能为他做些什么，猜他可能需要什么，问问他你的猜想是否正确。
- 简要地向学员说明导师指导的原则，尤其是你自己的作用及指导的局限性，保密问题，还有将学员引见给他人的可能性。大致说说见面的一般频率及时间安排。
- 谈谈你对学员的期望，包括要求其承担责任、坦诚相待、用心投入和勤奋学习等。

- 梳理出所有可能影响你参与指导、制订计划及安排时间的限制性因素。
- 警惕你和学员可能存在的利益冲突，并进行认真分析。
- 关注自己的感受和反应，密切注意彼此是否匹配，态度是否敷衍。
- 仔细思考你是否真的能提供学员需要的东西，并决定你是否愿意与他结对指导。

对**合格学员**的基本要求包括：

自我责任感和内在动力：作为一起共事的必要条件，要求他们对自己的成长发展负责，积极追求自己的目标，并对产生的结果负责。你不是学校的老师，你的导师工作仅限于对他们的成长发展提供帮助。

坦诚相待：导师在指导过程中可能发现阻碍学员成长进步的敏感的个人问题，这很常见。这些问题包括家庭或工作上的问题、不合理的期望、焦虑，以及缺乏信心。只有当你的学员有勇气做到坦诚相待时，问题才能得到解决。在要求学员做到之前，你需要信任他们，与他们共情，并替他们保密。关于自己的经历、背景和价值观，你必须持开放和坦诚的态度。

平等协商和承担责任：作为一名成年学习者，你的学员必须对自己的学习过程进行把控。自我负责原则意味着你的学员可以反对你提出的任何建议，比如不去完成前一次课上布置的练习和阅读任务。你要根据拟解决的问题与学员谈条件，有了这些条件，你就可以要求他们对之前的约定以及他们自身的表现负责。

勤奋和尊重：你是自愿为学员的利益贡献你的时间和专业知识的。作为回馈，你可以合理地要求并期待赢得学员的基本认可和尊重——守时、讲礼貌、对自己负责和勤奋学习。你的学员同样有权赢得你的认可和尊重。

当（且仅当）你感到满意时，可以尝试进行一些简短的系列指导见面会，以解决下一节要讲到的一些问题。要求你的学员给你一个明确的答复，是接受还是拒绝，而且不需要他们给出任何理由。给他们几天时间"冷静考虑"，也可以通过电子邮件或电话方式作出决定。

以这种方式进行调研后，任何一方都不太可能得出他们不应该进行结对指导的结论，但这也不是完全不可能。导师**拒绝指导**某一个人，其理由包括：

- 利益冲突或时间限制——这是目前最常见的原因；
- 学员怀疑你的经验和能力；
- 学员的处事方式和经验上的不足表明他们有些好高骛远；
- 你觉得他只是在"完成任务"，并没有真正打算完全投入指导中来；
- 你觉得学员在一些重要的事情上没有做到坦诚相待。

如果学员符合以上几项或全部标准，你就应该毫不犹豫地拒绝当他的导师，这一点重要。拒绝他们时，你应该避免无端冒犯。毕竟，你的推测也不一定对。避免让他们失望，要好话好说，比如"我认为我不合适当你的导师。"如果没什么问题的话，你可以把他们推荐给可能更合适的人。记住，潜在的学员也有权拒绝接受你作为他的导师。

如果你还在犹豫，那就晚点再决定，但考虑时间不要太长，目的是让你自己清楚导致你犹豫不决的原因是什么。你可以考虑咨询那些与学员共事过的熟人，然后在约定的时间内给出明确的决定。

保守秘密是导师指导的一个特别重要的方面，因为它是建立信任的前提条件。在正式的指导计划中，主办单位对指导的结果享有知情权。但是，他们不应介入指导见面会上不便让外人知道的一些细节问题。解决这一显而易见的矛盾的最佳方法是在学员、你自己和主办单位主管之间开一次三方会议。在三方会议中，学员应说明他的目标是什么，大家应共同商定哪些指标将作为指导工作取得进展的证据。部门主管没有必要知道具体进展是如何实现的，"黑箱"方法可以保证导师指导的保密性。

引见指的是将学员介绍给其他人的过程。有一种情况虽不常见但要引起重视，就是导师对一些情况并不知情，如学员可能患有抑郁症等精神疾病，或者受到过虐待，比如受过欺凌或家庭暴力。如果你不具备这方面的指导资格，那么无论多么好心，在这方面进行干涉都有可能使问题变得更糟。在这种情况下，导师有义务从学员的最大利益出发，将学员引见给适当的人给予专业支持。然而，引见工作也不好做，因为导师不能违背保密原则将学员的烦心事单方面告诉第三方。在调研阶段，你应该为这种可能出现的情况做好准备（即使可能性不大），可以通过说类似这样的话给学员打个预防针："如果在我们的合作过程中出现超出我专业能力范围的情况，我会告诉你，并帮助你找到我所提供不了的更有效的帮助。"

步骤 3：当面指导

成功召开调研会后，你将安排一系列指导见面会。每一次见面会上，学员都将提供会议话题和内容。你的主要任务是安排好流程，帮助学员进行思考，让学员重点关注商定好的结果。学员可能会担心接受指导要投入无尽的精力，浪费大量的时间，无法实现导师对自己的期望。为了解决以上担忧，请注意以下几点：

做好准备：第一次见面会之前，了解指导的目标以及学员如何学习等一些基本的问题对你们双方都有帮助。如果你要求学员在他参会之前做一些准备，他在心理上会更容易接受。最简单的方法是让你的学员思考一下他想要实现的目标，然后做一个像练习9那样的简单的自我评估。有些指导计划会使用众多心理测评问卷中的一种，但不一定非得要用。虽然这些问卷会交由专家处理，但这种测评技术的准确性经常受到质疑。导师觉得心理测评有作用不是因为其准确性，而是因为这类测评对学员个性化的思维方式进行了深入调查，这样的调查有助于提升他们的自我意识。

做好计划：你可以计划在一定时期内举行一系列的见面会，但次数不能太多。即便是一个宏大而复杂的主题也可以细分为几个阶段。每个阶段举行3到4个见面会是正常的，每次60或90分钟，间隔2到4周，其间还要安排学员自学。每次见面会结束时，师生要对进展情况进行回顾，并对整个系列见面会进行总结。如果在回顾时发现这些主题没有得到很好地处理，则需要协商再安排一系列的见面会。这种安排见面会的方式利用了我们临近时间边界时的无意识倾向。如果学员知道时间快到了，想要得到的结论也就自然而然地出来了。

找好地方：虽然师生见面会看似轻松随意，但实际上其任务非常明确，安排非常紧凑，因此选择一个合适的环境，让师生可以长时间清晰地进行思考和交流，这一点很重要。可以找个你们能私下交谈、保密性高的地方见面。关掉手机，尽你所能做好一切安排以避免可能的干扰。你的办公室或学员的办公室通常不是理想的见面地点，因为环境会带来各种无意识的信号，这些信号会干扰人的思维。例如，担心地位的不平等，害怕工作未能完成，这些都可能会让学员分心或者产生心理扭曲。你也很有可能受到干扰。许多单位都有会议室，在特定时段可以预定。此外，你还可以利用电话和互联网视频会议平台进行师生见面会。

练习9　指导要做的准备

你可以将下面的问卷提供给你的新学员，这将帮助他们思考，在你的指导下他们想获得什么。他们提供的信息对你也同样有用，可以让你更好地帮助他们。

另外，你也可以自己做一做这个问卷，这有助于提高你的自我意识，可以更好地理解你要学员做的事情。花点时间思考并回答以下问题：

- 我想在指导中解决什么问题？尽量具体一点。你可以在之后进行补充和调整。
- 对我来说，最理想的结果是什么？
- 我的优势是什么？
- 我要承担什么责任？
- 我最重要的价值观是什么？
- 我最大的优势是什么？

师生见面会由四个阶段组成，如图 3-1 所示。

（1）**建立融洽关系**：由于你们之前在调研会或者其他会上见过面，因此你可以从简单的寒暄开始，重新建立你们之间的联系，确保你的学员感到舒适，并愿意开始接受导师指导。这些所谓的导入仪式对于学员心理上的安慰和进行随后的互动都很重要。在一些学术团体中，导入仪式一个比一个复杂，一个比一个正式。注意不要出现身体或心理上的不适。我们可以回顾上次见面会上商定的任务的进展情况，这是很好的开始。但无论你开展什么样的导入活动，要注意不要超过约定好的总时间，哪怕只是几分钟

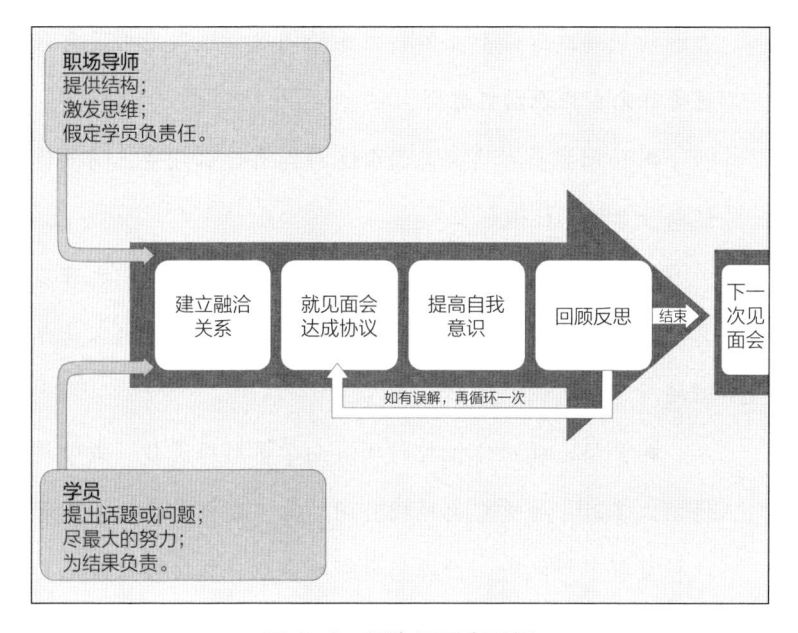

第3章 职场导师的指导原则与过程

图 3-1 师生见面会图解

也不行。在指导中，你的职责之一就是把控好见面会的时间。

（2）**就见面会达成协议**：这里的协议指的是心理层面的，而不是任何形式的正式合同或书面合同。从这个意义上说，达成协议就是围绕一项非正式的约定而进行的谈判，该约定明确了双方在导师指导中的职责和义务。协议的目的是管理预期。**见面会要取得效果，达成协议很重要**。在建立融洽关系后，立即花几分钟时间来解决以下问题：

- 询问学员在见面会中希望讨论的主题。例如，技术方面的问题或者是职业转型方面的问题。这里应用了自我负责原则和内在动机原则。

- 询问学员在这次见面会上对你有什么期望，明确你能做什么和不能做什么。
- 向学员说明，尽管在事先达成了一致，你们也可能需要和第三方分享谈话结果，但你们之间的谈话内容是保密的。
- 严格、精确地把控时间。向学员解释清楚，当学员讲话太多时，为更好地把控时间，你可能会打断他。尽管这样显得不够礼貌，但你仍要明确会议什么时候结束，并说到做到。
- 告诉学员你对他大致的期望，寻求他的理解和支持。
- 如果你曾指导过某个学员，问问他希望你怎样开展见面会，这可能会对你有所帮助。他的反馈可能是两个极端，一个是他对你非常支持、认可，另一个是他对你提出了挑战以及具有建设性的反馈意见。
- 询问学员是否愿意为他达成的协议和取得的进展负责，这对以后关于绩效的结构化反馈至关重要。

（3）**提高自我意识**：达成协议后，谈话进入指导的正题，这一阶段将会占用见面会的大部分时间。由于所有的指导都是以结果为导向的,因此一般情况下从提出问题开始,经过探索,最后形成一种具有洞察力或能发现问题的答案,进而转变成某个行动。你的目标是帮助学员进行思考,这样他们就可以凭个人的思考来处理在协议阶段所提出的问题。通常在整个见面会中,尤其是在这一阶段,你可能会同时用到第2章中介绍的所有基本技能。**你要多倾听少说话**。你所有的谈话都将以提问和反思性倾听的形式进行,这对促进学员思考至关重要。你不仅要积极倾听和回应,还要管好自己,把控好见面会,让会议高效而不喧宾夺主。最好不要直接给出建议,如果你必须进行反馈,一定得先征求学员的意见,如果他接受,再按前面章节中所讲的那样进行反馈。反馈时要尊重学员,反馈的内容要结构合理、条理清晰。

辅导模式是一种管理结构化对话的框架,我们按照其中一个模式来做,就能产生效果。这些模式是对反思性倾听的一系列提问,这些提问有不同的阶段,目的是要得出我们想要的结论。以下是三种较为完善的辅导模式,大家对其首字母缩写更为熟悉。

GROW 模式:"G"(Goals)表示确定目标,"R"(Realities)表示了解实情,"O"(Options)表示选择方案,"W"(Way forward)表示付诸行动。这是由约翰·惠特莫(John

Whitmore）爵士在 20 世纪 80 年代的早期著作中提出的，是最著名和最常用的模式。

CLEAR 模式："C"（Contracting）表示签约，"L"（Listening）表示倾听，"E"（Exploring）表示探索，"A"（Action）表示行动，"R"（Review）表示检视。

FACTS 模式："F"（Feedback）表示反馈，"A"（Accountability）表示责任，"C"（Courageous goals）表示远大目标，"T"（Tension）表示张力，"S"（Systems thinking）表示系统思考。

使用其中任何一个模式时，不要明确告诉学员你在用什么模式，或者对见面会的结构安排得过于死板。过分在意见面会的结构以及你的推进过程，会让学员感到不自在，使其自我意识增强，从而分散其注意力。理想的见面会能让学员感到轻松和安全。有些导师说，这就像是**在跳舞**。这个比喻说明了导师根据指导的基本结构和明确意图来响应学员的需求时，表现出来的流动性、灵活性以及与学员的伙伴关系。练习 10 举例说明了如何应用最著名的 GROW 模式。第 4 章第 3 节描述了 GROW 模式在技术指导中的具体应用。

（4）回顾反思：根据计划，在会议结束前 5 分钟左右，稍稍提示一下时间，对讨论成果做一个收尾工作。在结束之前，请花几分钟时间做以下事情。

要求学员对重要的事实、结论和举措进行回顾反思。 看看之前的约定。如果学员是按照自己的思维过程，而不是你的思维过程得出结果的，那么这个结果就"属于"他们，这样，他们的投入感会更强，也更容易走向成功。

要求他们会后自学，为下次见面会做准备。事实上，学员的学习和成长大部分都不是在见面会上完成的。自学的任务往往与你们一直在讨论的内容相关，也与你认为有助于学员理解主题和为下一次会议做准备的内容相关。比如，按照约定行事，收集信息，阅读技术方面的论文，与某人见面等。有些导师将这样的自学或者准备工作称为"家庭作业"。无论你怎么称呼它，你都要和学员坐下来好好商量，不能强迫他自学。还有一个重要的事情是，可以要求学员在下一次见面会上向你汇报其自学的情况，这样做会更有可能实现目标。建议学员写一本自学日记，记录他的反思和取得的进步，这既可以帮助他更好地自学，又可以记录他自己所取得的进步，对学员帮助很大。跟学员说清楚日记属于私人文件，你不会要求查看。

最后，询问学员是否打算进行下一次见面会，如果他同意，**那就做好下一次见面会的安排**，并约好日期、时间和地点。

除此之外，职业科学家和工程师习惯在会议上记笔记。事实上，对许多人来说，不管参加何种会议，记笔记已经是习惯成自然的事，因为这会让他们更安心。然而，在师生见面会上，记笔记可能会分散双方的注意力。为了记笔记，你需要转移目光，打破融洽的关系，放慢互动的节奏，所有这些都会扰乱学员的思维过程。对你而言，积极倾听更为重要。如果你觉得需要记笔记，那就会后再记。

你的笔记是私密的，属于私人物品，记住这一点很重要。但你的学员有权利去翻看这些笔记，如果他觉得其中有任何不实之处，就有权进行投诉。出于对你的学员以及你自己的保护，笔记里最好不要有你们对话的详细记录。作为供后续见面会使用的辅助备忘录，笔记只需记录关于重大问题、重要结论以及达成的一致意见的关键字句。明智的做法是告诉你的学员哪些内容可以记录在笔记中，哪些内容不可以记录在笔记中。当整个指导工作结束时，将笔记给学员看，或者将它销毁。请确保你照这样做了。

你的学员可能也想记笔记，但这同样会打乱他的思维过程。有一种做法是，你可以告诉学员在见面会末尾会有总结回顾的时间，他可以在那个时候记笔记。另一种做法是，用手机进行录音。无论你选用哪一种做法，都需要考虑一些重要因素，比如要做到坦率真诚，要达成共识，要替学员保密。最重要的是，要考虑记笔记时分散注意力的程度。这要看哪种方式最适合每一个不同的学员。

步骤4：反思和总结

收尾工作是导师指导的最后一步，它是对一开始的导入部分的补充，有很重要的心理学意义。反思和总结可以让我们看到学员的变化，也可使后续的指导更加顺畅。单个师生见面会的内容安排是指导工作中整个系列见面会内容安排的缩小版。最后一次见面会结束时，花5分钟左右的时间回顾一下，系列见面会开始时所商定的目标的总体进展情况。这样你们双方就会清楚地知道你们进行到了何种程度，还有多少工作要做。

理想情况下，学员解决了问题，获得了知识，并加深了理解，实现了系列见面会的目标。这时要适时给予学员认可和正面反馈（参见第2章第6节）。成功了就要表扬，取得进步就要给予认可和肯定。这样，另一个见面会的主题也可能会悄然而至。如果你准备继续与该学员进行更进一步的交流，请确认其是否也想继续与你交流。如果你们一拍即合，就可以协商并计划下一阶段的系列指导见面会，按照完全相同的结构和流程，开始一个新的系列。

相反，如果目标没有实现，那么思考一下，你后续的指导是否有机会取得成效。如果有，实现的方式什么？如果你认为你不能为学员提供更多的帮助，那么你要表现得有风度，要感谢学员所付出的努力，告诉他你不能指导他的大致理由，然后结束指导，之后各忙各的。合适的话，看看有没有其他人能够帮得上他，并帮忙引见。但无论导师指导是否达到了目标，学员必须主动选择是与导师继续合作还是各干各的。如果他不想跟着你学了，那么你要有气度，同意终止指导关系。不要据理力争或者一味地"推销"自己，要求学员继续跟着自己学。根据自我负责原则，是否继续接受指导，主动权应在学员手中。感谢学员在这一过程中所做的努力和贡献。了解学员对指导的反馈意见，这将有助于你改进自己的指导工作。

如果指导是由单位组织的，则可能需要向部门主管和人力资源部门提供师生双方商定好的反馈意见。要做好这项工作，最好的办法就是召开一个三方会议。参会前，要确保事先你已经和学员说好什么能说，什么不能说。一般来说，师生见面会上涉及的所有信息都应该保密，如图 3-2 所示。

练习 10　GROW 模式的运用

将此练习作为你下一次见面会的一项内容。下一章将介绍专门针对技术指导和职业转型的 GROW 模式的应用（参见第 4 章）。尽管有用的工作往往可以在 10 至 15 分钟内完成，但一个小时也是正常的。

如上所述，为见面会与学员建立起融洽关系并达成协议。

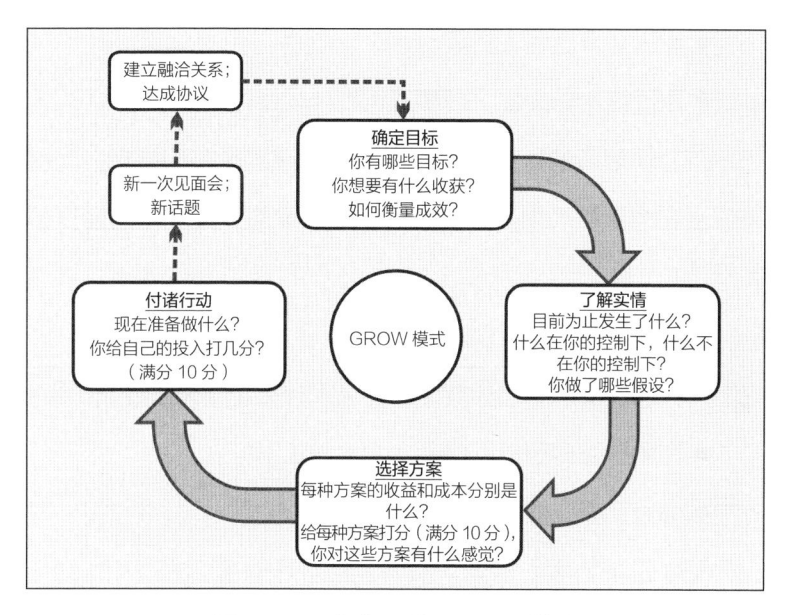

图 3-2 导师指导的 GROW 模式

然后按照以下四个步骤进行：

（1）**确定目标**。首先可以向学员询问会上要讨论的话题，以及想要实现的目标。避免草率地下结论。提问要简洁，要进行归纳总结和观察，看看你们对问题的理解是否一致。注意非语言信号，如果你看到某个信息，你认为这个信息与某个东西相关，不要随意揣测它的意思，要去问问别人。可以问一些相关的问题：

- 嗯，我知道你想考虑……，你能告诉我更多的细节吗？
- 在这种情况下，对你来说最好的结果是什么？

- 你需要作出什么决定？
- 通过这次见面会，你希望达到什么目标？

（2）**了解实情**。告诉你的学员要去探索事实和真相，而不是沉浸在愿望和恐惧当中。帮助他们将事实、证据与阐释区分开来。

- 目前发生了什么情况？
- 在这种情况下，你能控制什么？什么是你无法控制的？
- 有哪些妨碍因素？
- 你做了哪些假设？

（3）**选择方案**。探索学员偏爱且可行的解决方案和行动计划。不要强行让学员接受你给的答案，或者直接给出建议和想法，要始终相信学员才是解决方案的最佳来源。记住既要讲感情，也要讲事实。要把重点放在想要得到的结果和解决方案上，而不是问题的细节上，因为这些细节难以梳理，令人痛苦。如果你认为某个解决方案合理可行，但你的学员仍然犹豫不决，要让他知道这个方案很棒，让他去了解实际情况到底是什么。

- 每种方案的收益和成本分别是什么？
- 在这种情况下，你会给朋友什么建议？
- 给每种方案量化打分（满分10分）。
- 你的直觉告诉你什么？

（4）**付诸行动**。鼓励你的学员得出结论或作出决定，永远不要把自己偏爱的解决方案强加给他们，永远记住"拥有"作出决定的权利的人是他们。作出决定后，继续鼓励并支持学员付诸行动，主动作为。不要喧宾夺主，越俎代庖。要确定好指导的时长、日程安排、能力要求和其他条件，并让学员承担起责任。要认可学员的表现，并在合适的时候给予客观、积极的反馈。

- 那么，你现在正努力实现什么目标？
- 以"1分 = 无法投入，10分 = 完全投入"这一等级来衡量，你现在处于什么位置？
- 怎样才能达到9分或者10分？
- 接下来你将怎么办？
- 你是如何来衡量成功的？

注意：你不需要完全按照这样来做。有了新的想法后，你可以允许学员改变主意。要灵活处理，也可根据需要回到上一个阶段，重复进行。

第 4 章

职场导师指导实践

1. 导师指导中常见的挑战

前面几章我们对导师指导进行了一个大致的介绍。尽管每种指导关系都是独一无二的,但在所有的科学、工程和技术导师指导实践中都存在一些普遍的情况。本节将介绍导师指导中一些最常见最普遍的情况,并提供一些建议。

- 打好基础:了解学员的知识技能和学习方式。
- 进行技术指导和职业技能培训:在职导师指导技能。
- 通过访谈了解学员的职业态度和动机。
- 为获得职业资格进行导师指导:帮助你的学员获得更高的职业资格。
- 自信和自卑:帮助你的学员解决这一非常常见但又通常被忽视的问题。

- 职业转型：帮助你的学员进行职业转型。
- 跨文化指导：成为一个更加了解别国文化的导师。

2. 打好基础

良好的指导需要我们清楚地了解每一个学员的独特情况。当我们误以为自己完全了解学员对知识的掌握情况时，对学员进行技术上的指导就会效果很差。假如你高估了学员的知识水平，那么你讲的东西就可能让他们感到困惑。如果你低估了他们的知识水平，你不仅会浪费时间，还会显得自己自视甚高。这既损害彼此间的关系，又没有帮助学员解决他们真正想要解决的问题。有时你会遇到一些学员，他们在理论上似乎懂得很多，但一旦面对现实问题却寸步难行。另一个导致指导失败的原因就是，你想当然地认为你的学员学习和处理信息的方式与你完全相同。不管学员给你的指导工作带来了什么问题，你总是需要找出你面前的这个人的水平怎么样，哪怕是一点基本的了解也会对你和学员有所帮助。进行任何技术指导之前，了解以下内容会对你和学员都有所帮助：

- 学员现在对这个主题了解多少？——评估知识水平
- 学员对已掌握的知识使用得怎样？——评估认知技

能水平

● 学员用什么样的方式学得最好？——评估偏爱的学习方式

评估知识水平

教育工作者认为，**学习分三个方面——知识、技能和态度**。1956年，一批教育家在他们的文章中就这三个方面分别提出了一种简单的综合评估方法。**布卢姆教育目标分类法**（Bloom's Taxonomy of Educational Objectives）定义了每个方面的学习（或分类）标准。克拉斯沃尔（Krathwohl）在2002年对安德森（Anderson）等人关于布卢姆分类法的修正做了概述。这种方法是基于一个简单的观察，那就是学习是在每个方面特定的阶段中进行的，并且我们必须在完成一个学习层级之后再进入下一个学习层级。因此，我们只需精心设置几个技术问题，就可以确定学员的大体知识水平。这种方法并不完全可靠，因为每个人的知识水平存在差距，但这种方法的确可以让你在开始指导之前大致了解学员的知识储备情况。

布卢姆在知识领域的分类法定义了4个知识层级，这4个知识层级适用于任何学科。最基础的知识层级是事实性知识，接着由低到高依次是概念性知识、程序性知识和元认知知识。从学员对几个简单技术问题的回答可以得出，学员目前的知识水平正处在这四个层级中的哪一层级。他们给出的答案可以让你确定你将从哪一个知识层级上开始指导和讨论。表 4-1 以水文地质学为例进行了详细说明。

表 4-1 布卢姆的知识层级结构

知识层级	含义	水文地质学中的例子
事实性知识	理解基本的技术讨论以及如何解决该领域的问题,掌握基本的术语、定义,以及知晓所需的基本事实和观点	● 初级水文地质学术语 ● 地下径流 ● 水文循环 ● 基本野外地质学
概念性知识	了解基本要素如何在更大的结构中相互匹配,以及系统如何将这些要素相互联系起来,包括分类操作原则等常见的原则和理论	● 达西定律 ● 基础水文化学 ● 与当地地质有关的地下水知识
程序性知识	了解该学科所需的技能和思维方式,以及采用的技术和方法;了解如何进行调查;了解工具和信息来源;了解方法运用的情形及其局限性	● 水井建设和测试 ● 地下径流建模 ● 质量平衡计算 ● 国家政策和立法
元认知知识	策略性知识,通常具有长期经验;在该学科领域具有创造和开发新模式的能力;对思维能力和自我意识的理解	● 有效解决地下径流研究中复杂的局部问题 ● 教授水文地质学的能力

例如,假设一位资深水文地质学家带着一位初级学者在进行一些实地在职培训。这位资深水文地质学家拿出一张该地区

的详细地质图，问道："你会在这一地区的哪处修建地下水井？如何修建？"这道题测试的是第三层级——程序性知识。如果初级学者回答对了第一个问题，那么下一个问题将会是高一级的问题（第四层级的元认知知识）。但是，如果他没回答对，则下一个问题将会是低一级的问题，这样做是为了确定这位资历尚浅的学者的知识层级是属于初级水平（第一层级的事实性知识），还是介于第一层级和第二层级之间。随后的指导和讨论也会从这一层级开始，理想情况下，他会进入其尚未涉猎的领域。

评估认知技能水平

我们可以在实践上就我们所知道的知识和我们如何应用我们所知道的知识做一个有用的区分；换句话说，在我们的知识水平和认知技能水平之间做个区分。专业机构规定了专业岗位所需的资格或技能水平。词典对"资格"的定义是，"成功或高效地做某事的能力"；而"技能"的定义是，"把事情做好的能力及掌握的专业知识"（这两个定义都出自《牛津英语词典》）。**因此，资格或技能是在实践中表现出来的知识。**

根据布卢姆在认知领域的教育目标分类法，在学习过程中我们会依次掌握 6 个层级的认知技能，从低到高依次是：记忆、理解、应用、分析、评价和创新，如图 4-1 所示。记忆是最基本的认知技能，因为我们只有能够回忆起信息，才能理解信息。同样，我们只有理解了某项技能，才能充分地运用这项技能。应用技能的能力是进行分析所必不可少的一项能力，而分析又是评价和创新这两项更高的认知技能层级发挥作用所必需的一项能力。与评估知识水平一样，向学员问一些简单的问题可以让你确定你的学员已达到的认知技能水平。对其认知技能水平有一个大致的了解，将有助于你决定如何更好地帮助他，提高他们在某些特定领域的技能。

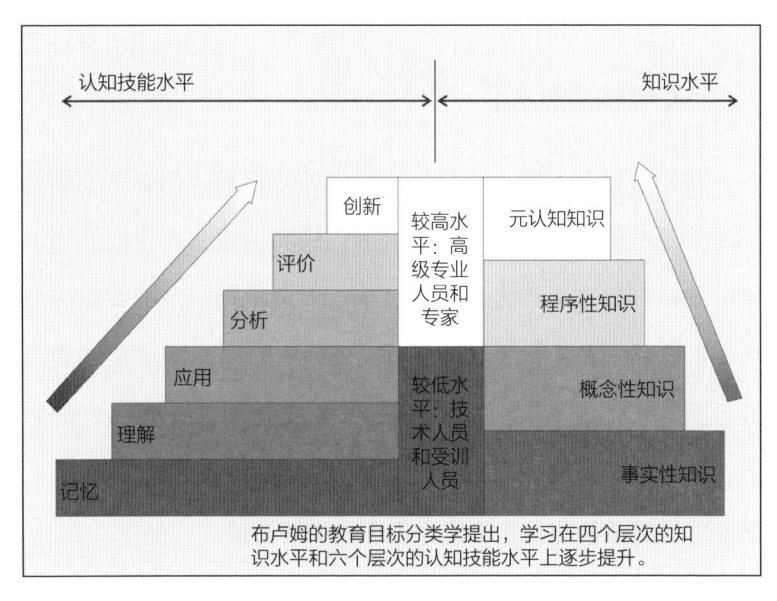

图 4-1 根据布卢姆分类法划分的认知技能层级

表 4-2 举例说明了布卢姆分类法中的认知技能层级在矿产

勘探领域内的具体运用。因此，作为一名资深勘探地质学家，如果你受邀帮助一位刚到现场的初级地质学家，你可以通过问一些问题来确定他的认知技能水平。这一原理也同样可以运用于其他科学或工程领域。

表 4-2 布卢姆分类法中的认知技能层级

认知技能水平		一般特点	在矿产勘探领域的例子
具备较低认知技能水平的技术人员和受训人员	记忆	能记起之前所给的指令和信息	了解取样钻芯的常规程序，包括质量检查
	理解	能理解和重新表述所给的指令和信息	能够解释取样程序的工作原理和缘由
	应用	可以将已知信息应用于新的情景，或将新指令运用于新的观察	能在既定目标下设计勘测钻探方案
具备较高认知技能水平的高级专业人员和专家	分析	能分析信息的组成成分和结构	在掌握某一地区的勘探报告和地质图的情况下，能将事实与观点区分开来，对收集的数据进行分类，并看看还需要进一步推进哪些工作
	评价	能在有所考虑的情况下评估一组观察结果或想法的价值	在掌握某一地区的勘探报告和地质图的情况下，能通过合理的推断，判断是否需要进行勘探
	创新	能根据可用信息创造新的想法，或创造新的结构；赋予现有模型新的含义	能将现有的观察结果整合到一个矿床模型中，该模型可以解释到目前为止收集的所有勘探数据

学员认知技能水平的高低对于导师理解他所处的专业能力水平十分重要。较低水平的认知技能（记忆、理解和应用）赋予了人们管理数据的基本能力。这些技能包括将既定的规则运用于某项操作或调查中，按照标准熟练地执行操作程序。例如，由训练有素的技术人员执行类似记录实验结果和样品形式的操作程序，这是低级认知技能的典型表现。较高水平的认知技能（分析、评价和创新）是通过高级培训、实践和经验学习得到的。他们常使用直觉、灵感和经验法则来评估这些样本对整个调查的意义，并给出新的解释以推进进一步的研究及应用。运用较高水平的认知技能是技术领域中专业能力的一个显著特征。

评估偏爱的学习方式

我们掌握的知识以及我们使用这些知识的技能在我们的个人意识中是独一无二的。在进行解释时，我们会下意识地使用自己惯用的思维模式和了解到的情况来理解需要解释的东西。如果有人无法理解我们的解释，那通常是因为我们和他喜欢的学习方式不同。了解学员偏爱的学习方式可以让你在向他解释技术上的问题时更游刃有余。

1984年，科尔布（Kolb）公开提出了"体验式学习理论"。他认为，学习是通过经验的转化而创造知识的过程。这一过程包括4个阶段的循环——体验、解释、概括和应用。其他学者进一步发展了体验式学习理论，其中最著名的是哈尼（Honey）和芒福德（Mumford）在1992年的研究，他们认为科尔布所谓的4个阶段正代表了4种不同的学习风格，如图4-2所示。

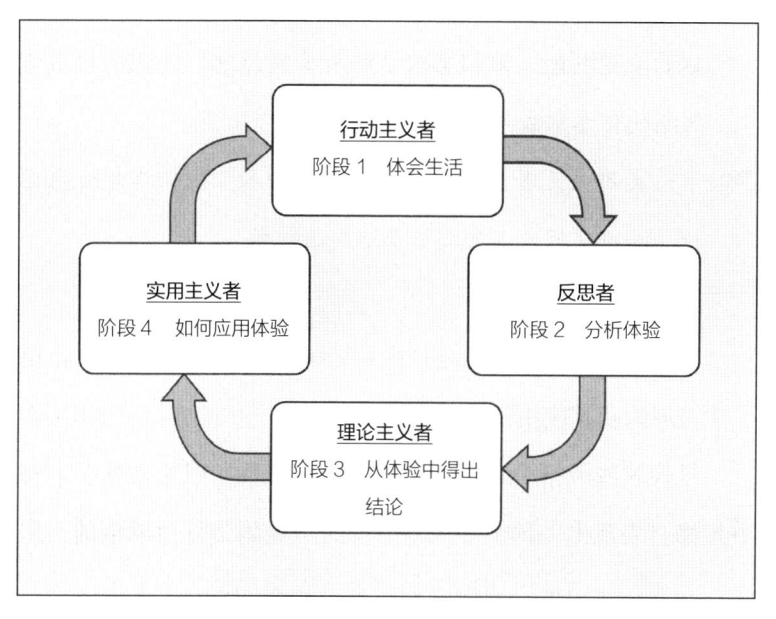

图4-2 哈尼和芒福德的学习风格理论

哈尼和芒福德认为，每个学员都会表现出4种学习风格中的某一种学习风格特征：

> *行动主义者*：寻求挑战和直接体验的人。他们思想开放，善于交际，习惯先参与学习活动，再思考由学习带来的启发。

反思者：喜欢做幕后工作，善于收集数据和分析实践过程的人。在得出结论之前，他们往往经过深思熟虑，谨慎行事。

　　理论主义者：按照逻辑思考问题，反对过度依赖下意识的直觉判断。他们喜欢系统地收集信息，并试图利用所收集的信息形成某个相关的理论。

　　实用主义者：务实且乐于决策的人。他们喜欢运用理论，并研究理论在实践中是如何运作的。

　　贝尔德（Beard）和威尔逊（Wilson）在2013年详细介绍了学习理论及其应用。

　　尽管这些风格是对学习特点的简单概括，但通常情况下每个人都会表现出一种主导风格，同时可能附带其他风格的一些次要方面。我们可以使用问卷调查，它能揭示一个人偏好的学习方式以及他不太爱用但也会用到的一些学习方式。你可以让学员讲述之前对他来说特别成功、愉快和有意义的学习经历，这虽然不是很准确，但更容易了解到他的大致情况。他们给出的答案通常会表明，一个人最好的学习体验主要是通过感觉（行动主义者）、观察（反思者）、思考（理论主义者）和行动（实用主义者）来调节的。然后，你在进行教学设计时可以尽可能地安排这些体验。教育理论家认为，这些也是我们所有人都必须经历的学习阶段，这样才能将学习恰当地融入我们的个体意识中。虽然占主导的学习风格才是教学的重点，但为了全面理解学员，导师有必要在原有的学习计划中按顺序构建其他阶段。

例如，假设一位专门研究应用植物学的资深科学家被安排负责一名年轻毕业生的培训和指导工作。当他问该学员是否有过愉快的学习经历时，得到的回答是该学员非常喜欢本科期间的户外实践课。当被问及更多相关细节时，该学员不仅滔滔不绝地介绍了其所在地区的植被覆盖情况，还非常兴奋地描述了那里的景观和生态。该学员非常享受充满活力的户外工作和付诸实践的感觉。由此看来，该学员似乎是一名行动主义者，所以这位资深植物学家从让他自己去收集一些原始数据开始，围绕该学员独立开展的户外实践活动安排了训练的入门内容。接下来，该学员的学习任务是对实地观察结果进行讨论和反思，提出关于生态、土壤条件等的假设，然后为下一步的调查制订计划。针对其他学习风格的学员，我们可采取类似的办法。

3. 技术指导和职业技能训练

很多地方都能锻炼职业技能，如实验室、野外、建筑工地、临床环境，其他科学、工程和技术从业者工作的地方也都可以。每个学员的专业能力往往在后来的见面会、研讨会、集体讨论和书面报告中才会显现出来。以下是你在工作中可能遇到的一些常见情况：

- 一位年轻的同事来问你，"要开展这项调查，我们该如何设置设备？"，或者"你知道什么时候使用这项技术吗？"针对上述问题，该如何回应？

- 一名应届毕业生应聘到你的实验室工作，你必须带他四处参观，解释你的团队是做什么的，让他融入实验室的工作。完成这项任务的最好方式是什么？

- 作为培训导师，你要确保学员圆满完成培训计划中的专业持续发展模块。你该如何履行这一职责？

指导工作大多从解决技术问题开始。事实上，有些人错误地认为技术指导就是导师指导的全部。正如我们所见，除了技术上的指导，导师还有更多的事情要做。技术指导可以简单地传授一些专业知识，但更常见的是，导师指导还包括一些认知技能或操作技能的教授。在大多数职业中，技能培训不仅是向某人展示如何使用一件设备或执行调查程序的最佳方法。它还包括培养该专业独有的认知技能，从而助力学员从较低水平向专家水平转变。例如，医学中的基本诊断技能不仅是对症状和病因的了解，它还是一种典型的思维方式，这种思维方式使用了一套需要去体验和学习的启发式方法。

在技术指导项目的开始阶段，明确双方的角色对你和学员都将有所帮助。学员的角色是对自己的学习负责。作为导师，你的角色是帮助他们学习，但不一定要亲自示范。当然，为了帮助学员，导师经常需要给出一些技术性的解释并演示一些技巧。职场导师和学校教员之间的区别类似于大学本科的学习指导老师和课程教师之间的区别。尽管在某一特定的课程中，辅导和讲课通常由同一个人进行，但这两种角色实际上是分开的，一个负责咨询，另一个进行教学（参见第1章第2节）。

我们都知道自我激励是学员职业发展的必要条件。你不需要给学员提供大量的技术信息，而是要帮助他们靠自己获取知识（这样还可以减少你的工作量），这样会更加有效。最好的做法就是，借鉴大学里由学习指导老师给学生设定一个任务或一个问题，让他们自己找到解决方案的经典指导方法。通常，导师会引导学生找到相关的技术信息来源——期刊、论文、文本等，然后要求他们在之后的辅导会议上展示他们的学习成果。在辅导会议开始时，导师可以围绕一些概括性和原则性的问题做一个简要的介绍来框定讨论的主题，然后，给出任务或问题，由小组成员进行讨论。导师根据小组讨论时间的长短和调查的深度，可以要求一名或更多学员提交一篇论文，详细阐述他们自己的想法和解决方案。哈佛案例研究法进一步发展了这一方法，它将信息流分阶段地放在开创性案例中，并要求学员根据他们在这一案例开发过程中的每个阶段所了解的内容得出结论。最重要的一点是每个学员都是通过自己处理材料，反思问题并确认自己的理解来学习的。在此过程中，学员能够呈现自己的想法，与专家和同学进行讨论，他们的知识水平和思维技能因此得以提升，如图4-3所示。

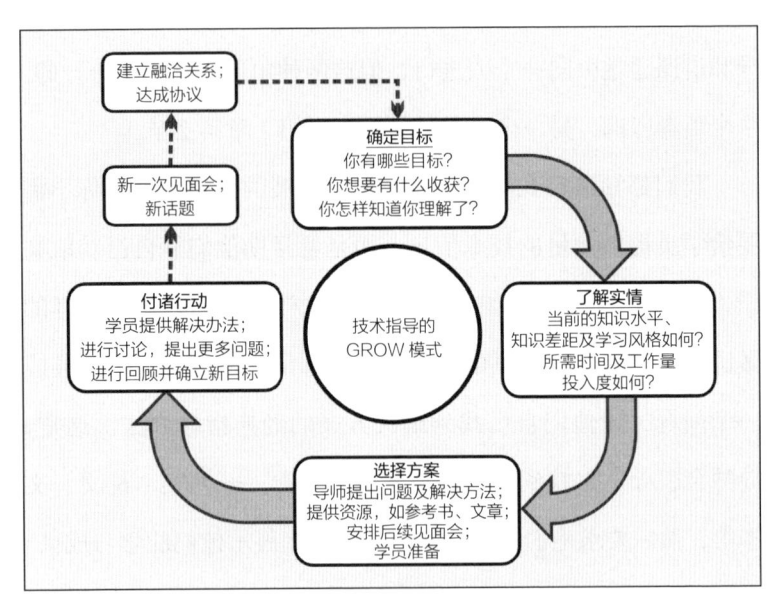

图4-3　GROW模式在技术指导中的应用

练习 11　使用 GROW 模式进行技术指导

对处在同一发展阶段（最多 4 个）的学员或小组进行技术指导，如果两次指导见面会的主题相同，可以使用 GROW 指导框架。

第一次辅导会——确立主题

建立融洽关系。 营造一个有助于学习的轻松踏实的氛围；问一些问题，了解学员当前的知识水平、认知技能水平及其喜欢的学习方式（参见第 4 章第 2 节）。

达成协议（参见第 4 章第 2 节）。向学员说明你的指导方式，并做如下安排：双方商定时间（一般为 30 分钟）；说清楚你能做什么，不能做什么；明确双方的期望，要特别强调自己对自己负责的原则；向学员保证你会替他们保密；对应承担的责任进行协商。

确定目标。 明确学员为什么想学，期望通过学习收获什么，以及他们如何知道自己已经学到了。

了解实情。 提一些问题，以了解学员目前对该学科的知识水平和他喜欢的学习方式。提问题时，不要给人被威胁或被质问的感觉。

选择方案。在双方商定的技术主题领域提出两到三个问题，这些问题最好能与学员当前的工作联系起来。引导他们使用论文、文章和教科书等信息来源，同时还要对实际工作的开展方案进行研究。

付诸行动。要求每位学员就问题的回答、依据和推理过程准备一次简短的非正式口头汇报。约定一个时间再见面，比如两周后，进行进一步的展示和讨论，地点可以选在会议室、野外、实验室或其他合适的环境中。

第二次辅导会——探索主题

建立融洽关系并达成协议。重新营造学习氛围，重申最初的协议。双方商定好时间（90分钟）。

确定目标。重申最初的目标，确认学员的个人调查研究是否发生了变化。

了解实情。要求学员解决之前设定的问题，并提供推理过程，或进行之前安排好的口头汇报。

选择方案。通过提问来激发和促进讨论，以反思性倾听的方式给予回应，并根据需要提供更多信息。合适的情况下，使用苏格拉底提问法。探讨所讨论的问题在他们当前工作中的实际应用情况。

付诸行动。回顾并肯定学员在理解上的进步。询问他们下一阶段想学什么，然后重复这一循环。

苏格拉底提问法

学习任何新技能和新行为方式的最好方法就是在专家的指导下学习。这是社会学习理论最重要的结论之一。作为学习者，当我们看到某人在使用一项技能时，我们会记住行为的顺序，并尝试效仿以培养我们自身的技能。在专家的观察、鼓励、纠正和建议下，学习者可以通过不断的练习，逐渐提高熟练度，在这一方面，专家就是我们的榜样。使用其他方法学习也是可行的，比如自己去做实验或者阅读相关的书籍，但这些学习方法的效率相对较低，甚至可能无效，会让人失去学习的动力。就实践技能培训而言，它与积累技术知识恰恰相反，其最好的学习方式就是与现实世界中的佼佼者一起工作。

无论培养何种职业所特有的认知技能，苏格拉底提问法都是一种非常有效的方法。该方法是以公元前5世纪在雅典教书的古希腊哲学家苏格拉底的名字命名的。我们很清楚苏格拉底是如何进行提问的，因为他的追随者柏拉图记叙了苏格拉底与他人之间一系列戏剧性的对话，其中包含他提问的方法。

根据柏拉图的叙述，苏格拉底会和一群人坐到一起，选择了一个与自己观点不同的人，并向他提出一个哲学问题。然后，他进行了一系列的提问，把那个人带到苏格拉底自己的观点上来。虽然苏格拉底的提问是针对某个人的，但其他倾听者也会在这个过程中产生共鸣。

从一组学员中找一个志愿者。从你认为这个志愿者能够回答或提出见解的特定技术问题开始提问。你问的第一个问题实际上是关于布卢姆分类法中知识层级的一般知识水平测试。从你认为该志愿者和整个小组成员都有把握的知识层级开始，然后进行一系列的提问，以逐步揭示和拓展知识。必要时在每个步骤中补充一些额外的信息，并对一些他们曾经掌握但忘记了的内容进行复习。最终的目标是让志愿者得到一个重要的结论或获得一项有用的认知技能，这个结论或技能对他来说是新的，最好是对整个团队成员来说也是之前没有掌握的。

导师的指导技能不在于就问题清单按部就班地进行提问，而在于灵活地对志愿者的个人想法作出支持性的回应。高管辅导老师把它恰当地比喻成"跳舞"。互动需要时间、耐心和善意。一定不要把你的解决方案强加于人，最好由志愿者自己找到解决方案，这时你就会看到"灵光一闪的时刻"。如果志愿者能自发提出问题，整个小组成员都能积极参与讨论，这就表明他们获得了良好的学习成果。**苏格拉底提问法按照假设、检**

验、观察、结论、重复这一顺序形成了经典的科学提问方法。因此，它对培养学员的认知技能意义重大。案例10通过实例对这一方法进行了说明。

有一点需要注意，如果志愿者认为苏格拉底提问法具有**威胁性，那么这种提问方式就没有效果，而且会适得其反。**一般来说，导师指导中不该提问引导性问题，因为这些问题实际上是指令性的，只是没直接表露出来而已（参见第2章第2节），像律师在法庭上以交叉提问的方式提出诱导性问题一样。这在导师指导中会起到反作用。师生互动的语气和方式对使用这种提问方法所产生的效果至关重要，这一点在小组指导中表现得更为明显。师生之间事先建立基本的信任和融洽关系是绝对必要的，说话要得体，要尊重他人，要有耐心，要体谅他人，并遵守以客户为中心的导师指导基本原则。特雷登尼克（Tredennick）翻译了柏拉图关于苏格拉底受审和死亡的4篇对话，在译序中，他着重强调了苏格拉底的人性，"他善良的心，敏锐的洞察力以及永恒不变的机智、耐心和乐观——所有的这一切都充满了顽皮的幽默感，使他成为理想的伙伴"。显然，苏格拉底也是一位理想的导师。

案例 10 处在职业生涯早期的科学家将理论转化为实践

(约翰·阿瑟斯)

背景：一个由 5 名资历较浅的地质学家和 1 名导师（约翰·阿瑟斯）组成的小组在加纳的一座大型露天金矿工作。小组成员都是刚毕业的学生，还处于职业生涯的早期，他们正在接受矿山地质学家的培训。

建立融洽关系：导师和小组成员在前往矿山的路上随意聊天，了解彼此。

达成协议：来到一块岩壁前，导师询问学员最想学些什么东西。学员问了结构绘制方面的问题。他早就知道，死记硬背是学员最常见的一种学习方法，而且对于还处在职业生涯早期的专业人员来说，他们表现得极度顺从和害羞，这是正常现象。导师跟他们说，接下来他会提出一系列问题，答案无所谓对错，希望他们同意并配合。看出他们有同意的意向，导师便提出要选出一名志愿者。小组成员都知道有个名叫科菲（Kofi，化名）的成员在没人指导的情况下做过矿井绘制，所以他应该是最适合回答问题的人。经过一阵犹豫和其他人的一番苦劝后，科菲成了回答导师提问的志愿者。导师知道他们一开始会很害羞，因此鼓励其他有意愿的人都可以参与进来。

苏格拉底提问法的应用

导师：谢谢你，科菲。请问，如果要绘制这个海蚀平台的地质图，你会先干什么？

科菲：我会先观察平台的结构。

导师：好的，就照你说的做。现在，请告诉我你看到了什么。

科菲：这里，就是这个结构，还有这个和这个（手指向一个略有倾斜的断裂面，这个断裂面将一条岩石带横切开来并发生了位移）

导师：很好。那这些结构叫什么？

（科菲和其他成员可能是因为害羞或尴尬，没有说话）

导师：别担心，让我们从基本原理出发。这条岩石带明显不同于两边的主要岩体，你觉得这是什么？

科菲：我在岩芯中见过这个，我觉得是一层绿泥石片岩。

导师：很好。我们都知道岩层是平行的岩石层，那这个横切绿泥石片岩层的平面呢，这又是什么？

科菲：嗯……这会不会是一个断层？（陷入沉思）

导师：你怎么知道这是一个断层？

（科菲漫无边际地谈了谈关于扩展和压缩向量的应力状态的基本理论）

导师：你会怎样将这个理论用到这里？

（科菲和其他人一脸困惑，陷入思考）

导师（沉默了一分钟看没人能回答上来，他给出了提示）：当断层横穿其他结构时，会发生什么情况呢？

科菲（试探性地）：会造成位移吗？

导师：你看到这里有什么位移吗？

科菲（犹豫了一阵）：看到了（指出了断裂面的位移，其他人也兴奋地加入进来）。

导师：太好了。所以你已经正确地证明了这个断裂面是一个断层。现在回想一下安德森断层的应力状态——正常状态、逆冲状态和走滑状态（大家一脸茫然。导师提醒小组成员他们在大学里学过的东西，随后在画板上画出了安德森断层模式图）。那么，这是什么类型的断层呢？……

科菲：断层把绿泥石片岩岩层从这里移到这里，所以这肯定是逆冲断层。

导师：太棒了！你已经根据基本原理推导出来了。非常感谢你，科菲。那么，这与矿井西端的矿体的位置有什么关系呢？

（另一名志愿者走上前来，整个小组的热情依旧不减，继续参与互动）

回顾和行动：在实地工作了约3个小时后，小组成员返回矿山办公室，桌上放着矿图，他们边喝咖啡边讨论。导师要求每个人说出他们从此次实地考察中学到的一样东西。他们就如何运用各自从实地考察中学到的知识进行了热烈的讨论。

注意：在这个例子中，科菲回忆了地质学基本原理，并由导师一步一步地引导着为自己找到了问题的答案。而导师的做法能够鼓舞人心，当志愿者回答不出问题时，他会小心做到不让其难堪。其他学员在一旁边看边学，通过这种方式，他们都了解到了基本的理论知识在实践中是如何运用的，这似乎是他们在大学学习中所缺失的东西。

4. 职业态度和动机性访谈

从事一项职业就会拥有一种使命感，这种使命感是一种感召力，可让从业者产生强烈的热情。选择职业不是一件随随便便的事情，它需要一种奉献精神，需要你为自己的决定和选择的人生道路负责。你的学员对他们所从事职业的态度和动机将决定他们的职业发展。

职业精神是一种理性的信仰体系，这一体系建立在职业成员共同持有的态度和价值观的基础之上。某一领域经过几个世纪的发展，逐渐形成了自己特有的道德规范和能力要求。所谓态度，或者观念，是对某种事物的一种固定的思考或感受方式。态度是二元的，它基于喜欢或厌恶，让我们作出判断和决定。

态度是由我们个人的生活经历形成的，它来自我们个人的价值观和信仰。许多价值观和信仰在我们人生的早期阶段就已形成，并从此深入我们的潜意识中。但态度也是抽象的，我们看不到别人的态度，只能通过观察别人的行为来推断他的态度。

要在科学、工程和技术等方面取得进步，有 6 种态度是必不可少的：诚实、热情、好奇、自我激励、自信、职业道德。表 4-3 列出了一些可以观察到的积极行为的例子，我们可以看出这些行为含有这 6 种态度中的某一种。这些态度构成了一种积极职业行为的基线。如果你的学员表现出了这些行为，那么这种行为显然应该得到认可和鼓励。但是，如果他**没有**表现出能体现这些理想职业态度的行为，甚至恰恰相反，那么就有问题了。他的职业实践将不可避免地受到影响。作为一名导师，你有责任让学员注意到他的问题，以及说明由此带来的可能的后果。举例来说，一些不诚实的行为会暴露自己不诚实的一面，例如剽窃他人的成果或者沽名钓誉。缺乏好奇心在一些人身上表现得尤为明显，这些人墨守成规，不愿扩展自己的知识面。对其他种族、宗教或性别的人产生偏见，这将表明其缺乏本应呈现的平等观念，而平等观念又是专业精神和自我诚实的突出特征。如果你的学员表现得不够积极，甚至出现不当的行为，那么你就要重点关注，通过巧妙地使用常规的结构化反馈（参见第 2 章第 6 节），让学员注意到他的问题。你很可能会有情绪化的反应，这种反应也许非常消极，但这时你要保持谨慎，并进行自我管理。总的来说，作为一名导师，你要发挥榜样的作用，因此用行动去传达你的态度至关重要。

表4-3 科学和工程等领域中一些积极的职业态度和与之相关的可观察到的行为

态度和价值观	可观察到的积极行为的例子
诚实 相信真理、独立	● 尊重证据和必要的结论 ● 将观察和阐释区分开来 ● 愿意承认自己的错误 ● 客观考虑所有相关因素
热情 有活力、快乐	● 在调查中表现出活力和决心 ● 乐于参与到激烈的讨论中 ● 能够表达出对主题的热爱
好奇 求知欲、创造力	● 乐于接受新思想 ● 在交谈中经常提问 ● 挑战技术性问题 ● 寻找机会收集新信息 ● 喜欢运用创造性思维
自我激励 自律、自我发展	● 用行动说话（在授权范围内） ● 乐于积极寻求解决方案 ● 除了一开始的点拨，几乎不需要指导 ● 专注于手头问题，不容易分心 ● 对自己的职业发展负责
自信 有勇气、自主	● 交流技术上的观点时表现出适度的自信 ● 积极参与辩论 ● 能够礼貌地挑战同事的观点并捍卫自己的观点

续表

态度和价值观	可观察到的积极行为的例子
职业道德 道德信念、公共责任、公平	● 无论如何都全力以赴 ● 无论如何都诚实守信 ● 将客户和相关利益方的利益置于自己的利益之上 ● 认可其他科学家和合作者的贡献 ● 具有合作精神 ● 对重要信息保密 ● 公平、不带偏见地对待所有人

案例11 听从内心

（蒂莫西·布伦德尔）

2015年之前，理查德·巴内特（Richard Barnett）爵士一直担任阿尔斯特大学的副校长。他是家里第一个上大学的人，他相信无论家庭背景如何，每个年轻人都应该有机会上大学。当时他招募我担任阿尔斯特大学的首任创新主任，帮助师生将他们在大学学到的知识付诸实践。理查德爵士给学生和教职工的建议是："听从内心，大胆去干。不要理会那些反对你的人，所有成功的人都历经过千辛万苦。"

技术让我们能够以之前不可能的方式做事，这一点我们不会有异议，但他会挑起眉毛说，自从人类第一次创造出火以来，这个原则就是正确的。一千多年来，我们发现在大学里的那些小型创新研究小组，它们都涉猎多个学科，较为多样化，具有协作精神和国际化视野，正是这些小组带来了技术上的突破，让社会变得更好、更公平、更健康。这些现象就像互联网让可以用于实验的工具更加均等一样，令他兴奋不已。理查德告诉我，创造力和人性一直是我们启蒙的源泉，我们必须注意，不要设计出让别人觉得我们是异类的东西。

练习12　职业态度

可以独自进行，也可以与搭档合作，轮流进行。首先，思考一下你对自己从事的职业持什么样的态度，以及这种态度如何在你的行为、交流沟通和工作风格中体现出来的。此外，再想想你从年轻同事或学员身上观察到的行为举止（用化名代替）。相关例子，请参阅第4章第3节。你可以在下面的列表中添加更多积极的态度和价值观。

- 诚实（价值观：相信真理、独立）
- 热情（价值观：有活力、快乐）
- 好奇（价值观：求知欲、创造力）
- 自我激励（价值观：自律、自我发展）
- 自信（价值观：有勇气、自主）
- 职业道德（价值观：道德信念、公共责任、公平）

简要做一些笔记，将你的行为与同事或学员的行为进行比较。用一些关键词来记录当时的情景，并举例说明这些行为是如何发生的。

警告：尽管人们的**失常行为**并不一定都是因为精神疾病引起的，但精神疾病与之密切相关。令人惊讶的是，精神疾病患者在工作场所中十分常见，但却很少被注意到。据估计，英国约有六分之一的人口患有心理健康疾病，其中最常见的是焦虑和抑郁，7.8%的英国人都符合临床诊断标准（英国心理健康基金会，2020年）。事实上，几乎每个人在一生中都会有受情绪困扰的时候，不过绝大多数人不需要临床治疗。但在导师指导中，关注学员的精神健康是绝对必要的。针对出现精神疾病的情况，我们要懂得使用共情倾听的技巧。像"振作起来！""别说话，继续工作！"，以及"如果我是你，我会……"，这样的话最不可取。如果你的学员表现出有明显的精神困扰，那么你有义务建议他们向专业咨询师或治疗师寻求帮助。无论出于何种好意，不具备相关资质的人员尝试给患者提供治疗都有可能使问题恶化。在这种情况下，你应该回头参照"开调研会"和"达成协议"步骤中关于引见的部分（参见第3章第2节），然后严格遵循结构化的反馈程序帮助学员（参见第2章第6节）。以下谈到的是学员在**没有精神疾病**的情况下，我们将如何了解

学员的职业态度和动机。

动机性访谈法

尽管自我激励是职业态度的一个重要方面，但我们都遇到过一些自己阻碍自身进步的人。如果发现你指导的学员没有动力，你会怎么办？

动力是保持积极态度的前提。如果一名学员带着一个技术上的问题来找你，但他看上去似乎缺乏动力，此时你应该把技术上的指导先放在一边，着重解决他的动机问题。如果一个人没有动力，其他事情就很难取得什么进展。**我们要明白我们改变不了别人，只能改变自己，所以要意识到你不能"修正"别人的态度。**良好的职业关系可以对对方产生巨大的影响，但它能做的也很有限。作为一名导师，你要做的就是尽你所能与学员进行一场理性的、成年人之间的反馈对话。然而，说服本身不太可能解决态度问题。你也许可以通过使用动机性访谈这一技巧来促使学员有所改变，但这并不能保证一定成功。

动机性访谈法是由米勒（Miller）和罗尔尼克（Rollnick）在20世纪80年代为戒瘾咨询而开发的，后来帕斯摩尔（Passmore）和怀布罗（Whybrow）将其用于心理辅导。动机性访谈法遵循自我激励原则，通过激发人的内在动机，而不是利用薪酬、地位和认可等外在激励因素对行为进行强化。动机性访谈法也认识到，态度的改变或任何重大决定都不是瞬时性的。改变是循环过程的一部分，它可以分为 4 个阶段，如图 4-4 所示。

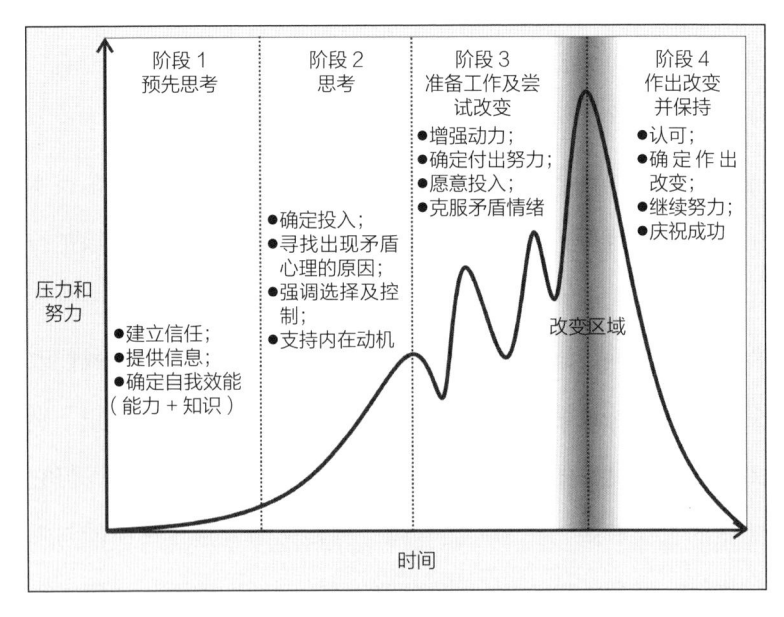

图 4-4　改变周期的 4 个阶段

使用动机性访谈法的艺术在于了解你的学员处于改变周期的哪个阶段，然后根据学员的努力程度和不断变化的投入水平相应地调整你的指导风格和方法。

在开始进行动机性访谈之前，有一些基本的前提条件：

- 建立和保持信任。除非你已经与学员建立了某种程度的信任关系，否则成功地进行动机性访谈的概率很小。

● 有效的自我管理，包括严格恪守自己的职业道德和职业边界。在开始访谈之前，你要清楚自己的意图。

● 适当的沟通。注意不要使用可能会引起学员防御性反应的评判性词汇或非语言交流。动机性访谈源于以客户为中心的咨询服务，其最重要的方法就是回顾式倾听（参见第 3 章第 1 节和第 2 章第 3 节）。

预先思考：一开始，你的学员并未意识到自己有必要作出决定或改变。在与他之前的合作中，你会收集到一些事实证据。你不仅曾听过他所说的事情，还能从中听出他的语气、说话的力度以及措辞。你已经看到了各种不同的行为及其产生的结果，由此你可以推断出导致这些行为和结果出现的学员的态度和动机。征得学员的同意后，让他谈谈自己的态度、价值观和动机。接下来你自然会进入一个结构化的反馈对话中，让他了解你希望他作出什么改变，并询问他对此有什么看法。在这一点上，通过确认他的自我效能感——相信自己有能力做任何需要做的事情——来实现这一改变很重要。如果他没有这种基本的自我效能感，那么改变就不会发生。如果你在他们身上或多或少能看到一些自我效能感，那么你就可以向他们提供必要的信息和论据，但要确保自己表现得富有同理心，而不是动辄评头论足。这一方法能否成功不仅取决于学员是否能与你进行理性的辩论，也取决于学员对你的信任程度。要想在这一阶段实现改变，你首先要让他们同意由你对他们进行指导。

思考：下一阶段，学员将权衡改变的成本和收益，考虑其合理性。此时，学员不可避免地会感到矛盾，产生抵抗情绪。你要靠耐心和智慧来处理他面临的挫折和困难，重视他的自我效能感、个人选择和控制能力，用非评判的方式理性地阐明论点。此外，你还要用到回顾式倾听技巧。

准备工作及尝试改变：当你的学员继续进入下一阶段，他会开始尝试去进行一些改变，但他可能失败。你可以通过探索所有可能的内在动机来源来给予他帮助。虽然外在奖励会有所帮助，但培养内在动机更为根本。你的学员真正感兴趣的是什么？如果他作出改变可能会损失什么？真正的利害关系是什么？带来的好处能使他有多满意？怎样才算得上成功？他笃信的价值观是什么？他关心家人或同事的想法吗？如何将这些整合起来促使他有所改变？你可以通过让你的学员生动详细地回忆一个或多个可供参考的经验，即以前成功克服障碍的经验，来增强他的内在动机。每次失败后，让他以积极和肯定的态度去反复回忆那些参考经验，这样做非常有必要。鼓励他要下定决心，想想设定的目标和带来的好处，重申自己的承诺。你可能需要重复第二阶段的操作，一次也许不够，要重复多次，为下一次尝试做准备。

作出改变并保持： 最后，学员似乎已成功地有所改变，但要意识到他的改变此时还未内化于心。继续对学员提供支持和督促，一定要给予他认可和宽慰。当他最终取得成功时，为他庆祝一下！为了能让所发生的改变内化于心，让他感到宽慰很有必要。

案例12　恐惧和焦虑会阻碍学员的职业发展

（约翰·阿瑟斯）

大家普遍认为获得认证是一项繁重的业余工作。这项工作包括撰写申请、准备专业报告、收集一套证明文件和寻找资助人，整个过程至少需要3个月甚至更长时间。几年前，一位应用地质学家，我们暂且称他为斯坦利（Stanley），来向我寻求帮助。尽管斯坦利满足所有的申请条件，而且他显然是一名合格的候选对象，但仅靠他一个人很难完成申请。他是一个非常正派、尽职尽责的人，虽然他有时过于焦虑，但通常他为自己所做的一切付出110%的努力。我帮他制订了详细的计划、时间表和目标，但不管我们怎么努力，他就是无法坚持下去。他总能找到不错的借口拖延自己的计划，比如，工作上有新项目和任务，以及需要在家陪伴妻子和刚出生的孩子。最后，他似乎放弃了获取认证的念头，我们也无奈地不再合作了。我感觉自己辜负了斯坦利。

大约在我们相遇的 10 年前，斯坦利已经是一名实验室技术员了。多年来，他一直把收集化石和矿物视为他真正的爱好。作为一个业余爱好者，他开始认真地研究地质学。直到有一天，他决定改行，成为一名职业地质学家。斯坦利半工半读，5 年间付出了巨大的努力，在他家附近的一所当地大学他获得了地质科学学位。毕业后，他走出了更大胆的一步，辞去了技术员的工作，在一家大型工程公司当了一名初级地质学家，薪水不高，签的是短期合同。但斯坦利的工作积极性很高，而且由于他比同级别的其他同事年长，他对待工作的态度也更为成熟。因表现出色，他被聘为正式员工，而且被提拔到更高的职位。如此，斯坦利成功地完成了一次重大的职业转变。他接受了更好的教育，找到了一份好工作，为家庭带来了一定程度的保障，前途似乎一片光明。

几年后，非常巧合的是，斯坦利的老板宣布了一项政策变动，这一变动将对他产生重要影响。公司领导们越来越担心他们整个团队会因专业上的失误而遭到索赔。为保护他们的公司，领导们宣布，所有达到或高于某一级别的专业员工必须申请认证，而斯坦利最近恰好被提拔到这一级别。但斯坦利的部门经理在执行新政策方面并不十分积极，因此他在申请认证时总是很被动。这让他在工作中感到没有安全感，尽管他全身心投入工作，试图证明自己。然而，工作中若隐若现的不安全感始终挥之不去。之后他和妻子有了第一个孩子。随着时间的推移，斯坦利因工作、家庭责任和个人职业发展之间的冲突而变得更加疲惫。他已无法清晰地思考，无论面前摆着何种任务，他都显得意气用事。他受到恐惧、缺乏自信、内疚和焦虑的折磨，最终患上了抑郁症，工作没了动力。随着时间的推移，原本可以轻松取得的认证变得越来越遥不可及。

在我们结束合作大约1年后，一个偶然的机会，我在一次报告会上遇到了斯坦利。他告诉我，他找了专业咨询，现在已成功摆脱了抑郁症，这让我感到很高兴。他最近完成了申请程序，已获得了认证，这是他应得的，属实来之不易。事后我意识到，如果能征得他的同意，使用动机性访谈的方式也许可以更好地帮助他，然而当时的我对这种方法知之甚少。在为他的认证申请制订计划之前，我本该关注他为何对此望而却步，以及如何使他发生改变。

5. 专业资格和认证指导

如今，科学、技术或工程等专业的初级学位只不过是进入一个行业的入门资格。在任何行业，要想晋升到更高的职位，从业人员必须获得某一学术团体或专业协会授予的某种形式的认证。在英国，根据皇家特许状注册成立的机构和学术团体能以特许身份的形式为从业人员提供认证（例如特许工程师、特许科学家、特许地质学家），但也有许多其他种类的认证。无论以何种形式授予认证，它都是同行对持证人在该行业已达到一定水平的能力的认可。有了这样的认证，持证人可以使雇主、客户和同事更加安心。他们相信持证人得到了同行普遍的认可和支持，并且一直紧跟其所在领域的最新进展。现在，越来越多的科学和工程组织要求他们的专业员工必须经过认证。为此，他们通常还会提供指导项目，帮助更多的初级员工取得必要的资格，这已然成为科学、技术、工程和数学教育等领域最常见的指导活动之一。那么，作为导师我们该如何应对呢？

关于取得职业资格的指导可能会很棘手，因为这样的指导既要用到指令性的方法，也要用到非指令性的方法。指导的艺术在于如何在它们两者之间找到平衡。一方面，认证指导是指令性的，因为你有责任帮助你的学员达到他所需的技术能力水平，并指出他在申请中出现的明显的错误。另一方面，认证指导的方式又是非指令性的，因为你不能确切地告诉申请者如何填写申请，你也不能控制面试或考试的进程。导师的目的应该是帮助申请者培养一定程度的自我意识和沟通技能，使他们能够以最好的方式展示他们的专业能力。

认证指导有两种方式。一种是申请人向你寻求帮助，因为你的名字出现在导师名单上。另一种是在培训计划中，申请人与你是师生关系。在任何一种情况下，你和你的学员都应该理解并接受自我负责原则（参见第 3 章第 2 节）。虽然导师指导可以提供很大的帮助，但申请者必须要靠自己的努力，你没有责任"确保他们拿到证书"。作为一名导师，你要做的只是推动其获取认证。

尽管科学、技术、工程和数学教育等领域涉及各种各样的专业资格，但大多数专业机构在获得认证方面都有着非常相似的安排。认证过程一般分为 4 个阶段：准备阶段、申请阶段、验证阶段、决定阶段。

导师指导在这一过程的每个阶段都有不同的挑战。事实上，认证过程可以直接映射到改变周期上，每个阶段都需要类似的指导支持，如图 4-5 所示，该流程图反映了各个阶段的步骤。

阶段 1：准备阶段

申请认证时通常会有一些资格预审。申请人必须已经具备一定的学术资格，这一规定非常严格。他从事职业实践的时间也需要达到一定的期限，具有某方面的经验，能提供持续从事该种职业的记录，有时候还需要已获得认证的推荐人证明他具备获得认证的条件。这一阶段相当于改变周期的预先思考阶段，如图 4-4 所示。

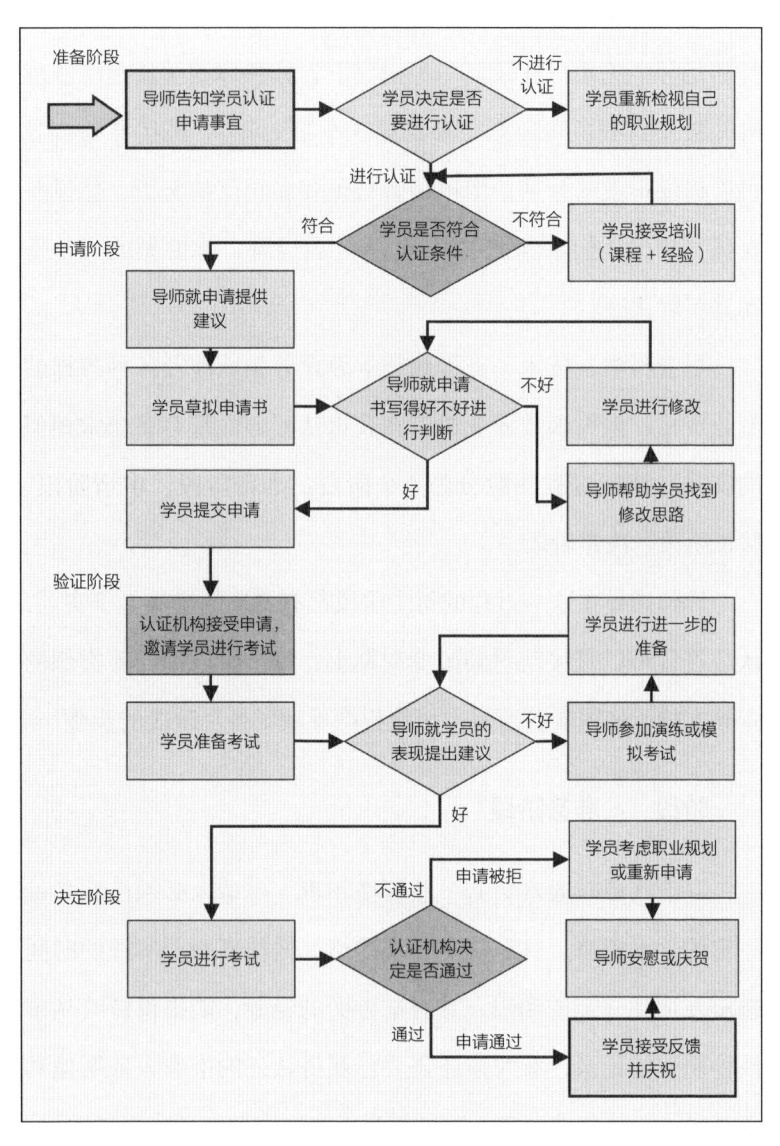

图 4-5 认证指导流程图

显然，作为一名负责指导学员获得认证的导师，你自己必须已经获得认证，并熟悉相关学会的规定。与其他任何指导活动一样，你的工作始于建立联系、开调研会和达成协议。许多年轻的专业人员是有资格获得认证的，但他们之前从未考虑过此事。因此，首先要告诉他们认证是什么，以及获得它有什么好处。如果学员参加了公司的培训计划，那么通过师生匹配，他将与你结为师生关系。如果你跟学员是第一次见面，那么就把这次见面看成是一次调研会，首先讨论指导的程序和原则，尤其要向对方讲明自我负责的原则。同时也要指出，你们中的任何一方都不能强迫另一方参与导师指导。同样，如果你的潜在学员决定不申请认证，那么责任完全在他自己。在这种情况下，考虑到雇主对获得认证身份的员工的需求，你应该鼓励年轻的专业人员慎重考虑他们未来的职业方向。

如果你们双方同意合作，那么第一件事就是**确定你的学员是否有资格获得认证**。验证学员是否具备相当的学术资格，是否已完成规定时限的专业实践，这些事情往往很简单，而且结果只有两种可能。一种可能是，**如果他目前不具备申请资格**，那么通常意味着导师要给他制订一个补充培训方案，使其符合资格预审条件，还要让他从事特定的工作，使其获得必要的经验和履历。这可能需要包括培训师和经理人在内的其他人的帮助，而且在学员接受培训和积累经验的过程中，你们双方可能要长期参与指导活动。作为一名导师，实际需要多少时间和精力取决于你在调研会上和达成协议期间所形成的约定。

另一种可能是，如果你的学员具备申请资格，那么他要下功夫做好准备工作，并提交申请。为此，需要制订一个可行的计划来找到推荐人，收集证明材料，撰写并修改申请，准备进行考试：

- 确认学员愿意下功夫获得认证。
- 要求学员准备一份详细的计划，内容包括日程安排和时间预算；时长一般为 3 个月。
- 检查一遍计划，指出需要修改的地方。申请人往往会低估自己需要投入的工作量，特别是在整理文件、撰写所需的报告或论文，以及准备考试方面。
- 根据时间表，商定指导见面会的次数和时间间隔。比如，3 个月内进行 4 次时长为 90 分钟的指导见面会。
- 确定推荐人的安排情况，如有必要，建议学员向认证机构寻求帮助。确定其是否已将申请意向告知认证机构。
- 达成协议，明确学员要对自己的学习成果负责。你的任务是监督学员是否实现了预定的目标。如果没有，要了解造成其申请被拒的原因，并帮助他们重新安排时间。
- 要求学员清晰而明确地严格执行这些安排。

阶段2：申请阶段

在第二阶段，学员要开始做以下事情：寻找推荐人，填写申请表，完成专业报告，整理一套专业证明文件，支付费用，还要告知推荐人申请正在走流程。学员需要收集佐证材料，并以书面形式详细证明其所具备的能力。作为导师，你的工作是帮助学员思考如何证明自身的能力，而不是替他们去做这件事。认证机构将核实申请是否为申请者亲自撰写。要想证明自己掌握了一套技能，递交一份简历是远远不够的。申请人需对其中某项能力的掌握程度进行合乎逻辑的陈述，可以通过对选定的项目和工作片段进行描述，以证明其具有某项能力。如有必要，告诉你的学员，一个好的论证必须观点清晰、逻辑性强、论证有效、前后连贯、思维缜密。认证机构抱怨说，申请人没对拼写、语法、参考资料和答谢等进行检查，这反映出申请人的书面表达能力很差。作为他的导师，你需要抽出时间仔细阅读文件初稿。你还要建议学员进行修改，有时不止要修改一次。但同时须注意，申请文件的内容和提交的时间由学员自己决定，由他自己负责。商定好接下来的步骤以及完成每一个步骤所要做的准备工作后，指导见面会就结束了。

花时间和精力准备认证申请对任何申请者来说都是一个严峻的挑战。如果你的学员遇到麻烦，他可能会拖延。这时不要对他的问题视而不见或置之不理，要面对困难，并帮助学员寻找解决问题的策略。在激励、建议和倾听之间找到适当的平衡，以适应改变周期的第二阶段。你的学员可能会说"我根本没有时间""如果我失败了怎么办？"，学员在**认证过程中出现矛盾心理和抵触情绪是正常的，也是意料之中的事情**。无论这一问题持续的时间长短，这个过程都符合改变周期，所以你可能会发现动机性访谈的技巧很有用。为使导师指导这项工作有所成效，你必须征得学员的同意，让他们自己对自己负责。没有事先得到他们的同意，任何激励行为都会失败。

阶段3：验证阶段

专业机构会有一些程序来对申请进行验证。其主要目的是检验书面申请中申请者谈到的能力是否有可靠的证据支持，以及取得的成绩是否有夸大的成分。在申请者证明自己能力的同时，评审小组还会寻找申请者是否具备独立思考、清晰表达和其他沟通技巧的证据。这一阶段导师和学员会做一些调查工作，如联系推荐人，检查作为证据提交的专业文件和报告。申请者可能需要向同一领域的一些从业者进行口头陈述以及口头测试，在一些机构认证中，还包括笔试或提交论文，这些也是验证的方式之一。

导师指导应该为学员理解和提升各种专业沟通技巧提供一

个令人安心的学习环境。有效的沟通是清晰的、理性思考的结果。在这个阶段，提供建设性的建议和支持性的反馈也是必要的，但当涉及自我展示和自我表达时，这时候提供建议和反馈会比较敏感。帮助学员找到他难以回答的问题。如果出现这些问题，帮助他们准备如何回答，以及如何处理焦虑。学员难免会有怯场心理，事实上，低水平的焦虑能对学员起到有益的刺激作用。你可以安排一个模拟面试，由你来扮演评审小组成员，对学员的口头陈述进行反馈，并提出你认为可能会问的问题。视频记录是一个非常有效的反馈形式，可以让你的学员查看并评估自己的表现。如有需要，你可以建议学员参加口头表达技能的培训课程。

阶段4：决定阶段

最后，认证机构对申请结果作出判定。对于申请者来说，第四阶段是改变周期的最后阶段。评审小组完成了验证阶段的调查后，申请活动的控制权就从学员转移到了专业机构，专业机构将在考量后作出决定，并正式通知学员他有没有获得认证。大多数机构只会给出两种结果，要么接受，要么拒绝。此外，他们还可以就学员如何改进和完善申请提供书面建议。无论结果如何，作为一名导师，你有责任与你的学员共同面对这一结果。

如果你在一开始就对指导工作做好了调研并达成了协议，那么你的学员将为最后的结果承担个人责任。当认证机构决定拒绝学员的申请，那么导师的作用就至关重要，你要为你的学员提供支持和鼓励，让他不要失去信心。如果认证得以通过，那么导师有必要对学员进行心理上的认可和宽慰，要帮助你的学员组织一个庆祝活动。请注意，在这里自我负责的原则仍然适用，这意味着你不能把学员的成功归功于你。无论哪种情况，你都需要鼓励你的学员重新审视他的职业规划。

6. 对自信心的指导

据说，实业家亨利·福特（Henry Ford）曾打趣道："无论你认为自己行还是不行，你都是对的。"身为一名导师，你会遇到一些学员，尽管他们很聪明，也很有干劲，但他们在专业实践的某些领域却遭遇了意想不到的困难。在众人面前进行现场陈述是常见问题之一。这个问题表现为学员在表达的时候会感到紧张、恐惧、心情沉重。如果你仔细观察，你会发现他们的根本问题是缺乏自信。令人惊讶的是，缺乏自信这一现象非常普遍，而且人们通常意识不到。这些问题可能非常严重，会导致当事人在工作中出现各种各样的问题，包括由压力导致的身体健康状况不佳、旷工、不敬业、倦怠、人际冲突、表现不佳以及其他许多问题。对许多人来说，缺乏自信会阻碍其职业发展。相反，克服障碍的成就感对个人的专业能力和随后的成长发展有巨大的帮助。作为一名导师，你该如何对一位缺乏自信的学员进行帮助呢？

注意：严重的焦虑和抑郁或许与缺乏自信有关，可能需要进行临床干预。导师有责任将患有抑郁症的学员引见给专门的医疗服务机构。严重抑郁的情况下，如果没有专业知识和咨询技能，你不太可能有所帮助，还可能让事情变得更糟。你能做的就是贴心地给予学员反馈，想办法引入专业服务，并建议患者寻求帮助。"引见"在这里也同样适用（参见第 4 章第 4 节）。本节后面谈到的建议是在你的学员心理健康水平正常的情况下提出来的。

除了这种极端情况，在一些特定场合中，轻度到中度的缺乏自信很常见，这个问题可以通过导师指导予以解决。导师指导讲究保密性，旨在为学员提供帮助，因此这是学员发现并探索不自信问题的一个很好的机会。

理解自信的真正含义

内在动机原则认为我们天生就懂得自我激励。自然状态下，我们具有稳定且相对较高的自信。尽管如此，每个人在一生中都会有不自信的时候。一个人的自卑心理和缺乏自信可能源于童年时期的糟糕经历，也可能始于成年时期受到的挫折和打击。我们可能在一次会议上受到了严厉批评，在一次重要的考试中没考好，可能失去了一份重要的合同，可能说了一些后来让我们后悔的话，或者可能拒绝了一份我们希望得到的工作。这样或那样的事使我们的自信心受到打击。我们可能会觉得我们失去了原有的地位和别人的尊重。我们内心深处的批判家对着我们幼小的心灵大喊大叫。当过去的恐惧在我们的脑海中重现时，负面压力就会随之增加。随后，如果类似的负面事件再次出现，就会导致人们长期缺乏自信，造成自我效能感的螺旋式下降。

自我效能感是指我们相信自己能够完成一项特定的任务。社会学习理论的提出者阿尔伯特·班杜拉（Albert Bandura）曾说过："自我效能与其说与一个人所拥有的技能有关，不如说与对一个人利用自己所拥有的技能能做什么事的判断有关。"在一系列实验中，班杜拉对自我效能感进行了测算，并证明它可以准确地预测一项任务会成功还是会失败。尽管我们在某些特定领域可能会出现自我效能感不足，但没有人在所有领域都缺乏信心。事实上，自信是一种习得的技能，就像我们会在生活中的一些方面表现得非常自信。如果你的学员在一个领域已经学会了自信，那么他就可以学会将这项技能转移到另一个领域。

帮助你的学员建立信心

与动机性访谈一样，建立自信也是为了帮助学员改变其态度。同样，为了克服信心不足，你的学员必须遵循改变周期（图 4-4），通过改变让自己更加自信。作为导师，你一开始的工作可以是，让学员意识到缺乏自信对他来说意味着什么。接下来，你可以继续思考要怎么做才能改变当前的状况，然后帮助他们作出改变。这时，你可以帮助他们克服消极的抵触情绪。帮助他们越过改变曲线的波峰，然后有所改变，进而获得更大的自信心。整个改变过程可能需要安排一系列的指导见面会，以形成必要的认识和理解，并建立所需的自信心。

以下是帮助学员建立自信心的关键步骤和问题：

达成协议是最重要的第一步。你要承认你无法"控制"学员这一事实，只有他们自己才能作出改变，使自己更加自信。在培养自信的过程中，自我负责是理解这一点的关键。你必须先获得他们的信任，他们才会听你的话。

搞清楚自信心的问题：帮助学员搞清楚自信心的问题。他在哪些方面缺乏自信？具体是如何体现的？他对自身的自我效能感到底有什么样的判断？当时的具体情况是什么，或者是什么让他缺乏自信的？学员缺乏自信的后果是什么？

进行客观的评估：他是根据什么来对自身能力进行评估的？不要完全相信学员的主观评价，看看他们是否有"小题大做"的情况。将他们的表现与其他人进行比较，总会有一些人表现得更好，一些人表现得更差。设定一项任务以收集客观证据，例如，让学员回想一下自己所取得的成绩以及别人主动给他的赞美。

重新创造一次自信的参考体验：自信是一种态度，因此，它是一个抽象的概念，只有通过具体的行为才能明显地体现出来。参考体验是指我们可以回忆并借鉴的体验。让学员回想他过去或现在感到自信的某个领域。不一定要在工作中，进行休闲活动和开展体育运动时也会有很多参考体验。寻找真实的例子，并要求学员详细、生动地描述至少一次感到自信的经历。自信到底是什么，给人怎样的感觉？不断询问具体的细节问题。学员是如何培养出自信的？对培养的过程进行讨论，并探讨如何将这次自信的表现扩展到更多地方。

想象目标：如果学员在他缺乏自信的领域表现得自信，会是什么样子？他们会看到什么，听到什么，感受到什么，以及做些什么？让你的学员尽可能生动而具体地想象和描述。

反思和规划：探索在某些情况下，自信的目标是否切实可行，是否真的是学员所需要的。如果它看起来遥不可及，你能找到什么路径实现它吗？自信如何与学员对自身职业发展的看法相契合？自信如何适应学员的价值体系？想象一下，要把学员从现在的位置带到他想象的目标，需要进行什么实践或做些什么事情？尽可能找到能表明学员已取得进展的那些指标。

同意自学：设置任务，逐步对你的学员进行考验，让他更加自信。咨询行业有一句话，让自己养成一种新的思维方式比让自己养成一种新的行为方式要容易得多。通过训练，自信的感觉会逐渐扎根于心并形成习惯。让你的学员找到那些表现出自己所不具备的自信行为的人（真实的或虚构的），并对他们进行研究。鼓励学员记日记积累材料，内容包括日常实践、观察和反思。这个日记不对外公开，只有他自己知道。它的作用是通过对所取得的进步进行客观的记录，从而对学员进行鼓励。

7. 职业转型指导

学员会向他们信任的导师询问各种个人问题及专业问题，尤其是当他们面临改变人生的决定时。在这些决定中，最常见的是那些涉及重大工作变动或职业转型的决定。你的学员可能面临裁员和失业，或者是获得晋升，但这一晋升并不是自己想要的工作变动。如果学员向你寻求职业转型的建议，你该怎么做呢？

首先，不要试图给出他想要的建议，这也是最重要的。有些建议帮助不大，比如"如果我是你，我会……"。如果你的学员看起来非常焦虑，你可能很想去"拯救"他——请不要这样做！试图"拯救"一个受情绪所困的人，往往是自己出于安抚自身同情心而做的事情。如果事情后来出了问题，"拯救"某人往往会使彼此的关系变得紧张。如果你的学员因为你替他做了决定而放弃"自己"的决定，他可能不会尽心尽力地完成这项任务。他会认为这是你强迫他作出的决定，到头来还责怪你。如果你的学员是你同一单位的同事，那么要注意你们之间可能存在利益冲突。你一定要明确你帮助他纯粹是为了他好，而不是为了你自己或你的公司好。你的学员永远不会是你的复制品。即使你们表面上有相似之处，但他的个性、信仰体系、个人经历和许多其他方面都是独一无二的。

要想获得一个稳定良好的结果，很重要的一点是，你的学员可以感觉到在职业转型中能够自己掌控自己，由自己来做决定。你所能做的就是重申自我负责的原则，并提供帮助来促进学员进行思考。不要觉得你认为的问题都算得上是问题，当你对每一个问题都进行深究时,你会觉得越来越痛苦,最后得出结论,这个问题是无法解决的。结果导向是解决问题的基本思维模式。运用基本的指导技巧——巧妙提问、积极倾听、建立信任、自我管理,以及给出建设性意见和结构化反馈,让学员专注于为这一独特的情况寻找最佳的解决方案。

任何职业转型都将遵循之前讲到的改变周期。这些步骤与动机性访谈的步骤基本相同。一开始你的学员可能不知道某些关键信息。你应该提一些问题,帮助他们思考他们需要什么样的信息才能作出决定,然后着手收集这些信息。在之后的阶段,感到矛盾、沮丧、困惑和纠结是正常的,也是意料之中的。如果这个决定很难做,并需要与别人商量,那么这段时间里学员可能会出现情绪波动。

客观而准确地评估自身的技能、才能和经验,这是任何人在面临职业转型抉择时所能做的最重要的一件事。这比研究就业市场更有效。达成协议后,提问和反思最有可能帮助学员提高自我意识。学员在今后无论选择什么职业都要体现他的价值观和才能。搞清楚哪些个人情况与职业选择相关,例如伴侣和家属、最低收入需求、上班地点和常规工作内容等。选择职业的时机以及可提供的资源可能很重要。搞清楚哪些因素是学员可以把控的,哪些因素不在学员的把控范围之内。建议你的学员可以与一些有相关知识经验储备的人谈谈。

可以说，最具影响力的职业管理方法是基于**职业选择理论**发展而来的，该理论由美国心理学家约翰·霍兰德（John Holland）在 20 世纪 50 年代至 90 年代逐步形成。霍兰德提出，职业兴趣是一个人的个性表达，可将它视作 6 种不同人格类型的独特组合。了解你的学员属于 RIASEC 模型中的哪一种类型，将有助于他作出明智的职业选择。以下是 RIASEC 职业人格类型的大致内容：

现实型（Realistic）——善于使用工具从事操作性工作，动手能力强，手脚灵活，动作协调，经常在户外工作，从事的职业通常是工程师、技术人员、士兵。

研究型（Investigative）——喜欢观察、学习、研究、分析、评估和解决问题，从事的职业通常是科学家、医生。

艺术型（Artistic）——经常使用文字、图像或音乐进行自我表达，善于创造和设计东西，从事的职业通常是作家、艺术家、演员、音乐家。

社会型（Social）——熟练运用人际交往技能进行教学、培训和服务，同时关心他人的福祉，从事的职业通常是教师、医疗从业者。

企业型（Enterprising）——熟练运用人际关系技能来领导、影响、说服和鼓励他人，此外，善于运用人际关系技能创建社交网络，从事的职业是企业领导、政客、经理、发起人。

常规型（Conventional）——善于使用系统进行组织，能够准确地处理数据，创建并遵循程序和计划，从事的职业通常是行政人员、图书管理员、会计。

职业人格类型的**霍兰德代码**由三种人格类型的首字母组成，按强度排序，共有 720 种可能的排列。比如，IEC 在霍兰德代码中指的是一个人调查能力很强（I），有进取心（E），组织能力强和擅长处理数据（C）。我们可以想象，具有 IEC 职业人格类型的人选择研究地质科学是因为他发现地质科学中的探究性特点很吸引人。在地质科学领域，他专攻地质物理学，因为计算科学非常契合他按常规行事的人格特点。他性格上勇于进取，因而促使他创立了一家公司，便于开展地质物理调查。

通过询问学员为什么选择这条职业道路，以及他们现在从事的专业和拥有的爱好，我们可以大致猜测出学员最主要的三种职业性格类型是什么。为使评估更加可靠，我们可在互联网上找到很多类似的测试。例如，霍兰德代码已经为美国劳工部所采用，还有一个名为 O*NET 兴趣分析器的测试工具目前可以在其网站上免费使用（O*NET 兴趣分析器，2021 年）。

使用 GROW 模型进行职业转型的指导

职业转型不同于其他指导情形，因为其转型的动力通常来自外部事件，如裁员或升职、学员需要适应新的环境。与许多其他指导主题一样，GROW 指导模型可以非常有效地解决职业转型问题。假设你和学员已经开过调研会，学员同意你对他进行指导并达成了协议，那么你可以按照以下方式使用 GROW 模型：

确定目标：懂得自我激励的人需要对自己的事业负责并创造机会。首先，帮助你的学员搞清楚他下一个五年想要走的职业路径。然后，研究如何从学员现在的位置上创建这条道路。一味地考虑他不想做的事对他没有任何帮助，我们应该帮助他朝着真正想去的方向前进。划定一个范围，并在这个范围内行事。理想情况是什么样的？什么情况是完全不可接受的？确保这个目标是学员自己想要达到的目标，而不是别人告诉他应该达到的目标。当目标确立后，要求学员用简洁、清晰和正面的语言把它写下来。稍后，你可能会回到此步骤。

了解实情：做这一步的目的是增强意识，帮助他认清当前形势下不可动摇的事实——这是既成事实，还是有质疑或回旋的余地？如果是后者，有多少余地？找出哪些情况是学员可以控制的，哪些情况是他不能控制的。搞清楚学员的职业兴趣、天赋、技能、价值观、态度、个人情况，以及资源上的限制因素等。完成了所有这些工作后，你可能需要返回上一步，让他重新陈述目标。

选择方案：接下来帮助学员找到尽可能多的选择方案。如果所有的方案学员都不接受，有什么办法可以让其中一个方案比其他方案更容易被接受？你能否把情况用不同的方式再说一说，同时允许别人有不同的看法？给每个方案打分，1表示完全不能接受，10表示十分理想，这样做是否有助于他考虑问题？打分后，搞清楚是什么因素让每个方案的评分发生了变化？感觉、直觉和对过去经历的记忆都会对作出决定产生负面影响，同时还会影响理性思考。建议你的学员与其他有一定知识和经验的人谈谈。

付诸行动：艰难的决定总是伴随着风险和不确定性，这就是为什么做决定很难。风险是事件发生的概率与事件发生的后果这两者的乘积。注意等式中的两个条件，有什么可以降低风险的东西吗？要当心"分析瘫痪"——无休止地调查和不断地重复思考，结果却一无所获。所有艰难的决定一定是在充满不确定性的情况下作出的。在调查的某个时刻，你最终会发现其收益越来越小，因此多一点点信息没有实质性意义。如果暂时作出了决定，问问他还能收集到哪些实际信息，这会起到什么作用？要支持学员，给予他积极的反馈和鼓励，以让他作出明确的决定，但无论这个决定是什么，都要确保是学员自己作出的。无论结果如何，你都要尽可能地为其提供支持。

一个关乎职业的重大决定，通常不可能在一次指导见面会后就作出。实际上，我们最好也不要那么快地做决定。你的学员需要时间来思考和消化新信息。事实上，除了导师的指导，大部分还是要靠学员自身的调查和思考来做决定。安排 3 到 4 次时长约为 60 分钟的系列见面会，中间穿插高强度的自学和反思任务，这样做可能会收到最好的效果。

8. 跨文化指导

科学、工程和技术都具有国际化特点。我们经常会在办公室、实验室、诊所、工程现场和教育机构等地方接待海外访客。同样，许多该领域的从业者也会在海外工作一段时间。作为知识转让协议中的一项内容，你可能要负责指导一位来自不同文化背景的同事。如果你们之间没有语言上的障碍，那么该如何处理因文化差异而导致的沟通不畅呢？

第 4 章　职场导师指导实践

一个关于两条小鱼在河里游泳的故事能形象、贴切地说明跨文化交流不畅的问题。一条年长的鱼游过来，向鱼群打招呼。他高兴地说："今天的水很好，很凉爽。"一条小鱼转头问这条年长的鱼："水是什么？"我们在与来自不同文化背景的人打交道时遇到的困难，大多是因为从我们很小的时候就传下来的社会规范不同所致，而这些规范我们现在基本意识不到。因此，对我们来说，这些规范并非显而易见，我们只是把自己的文化规范视为理所当然，对另一种文化的理解必然会带有自己的主体文化观。这意味着，对另一种文化作出判断或阐释时，我们无法避免自己的偏见和主观性。在讨论文化差异之前，我们需要客观地对这些差异进行描述，这样才能为我们提供一条切实可行的前进道路。

20 世纪 70 年代，霍夫斯塔德（Hofstede）在大型跨国公司 IBM 工作时，基本上解决了这个问题。霍夫斯塔德向分布在 50 个国家的 11.7 万名 IBM 员工发放了一份关于价值观和态度的大型调查问卷。通过对回收的问卷进行因素分析，霍夫斯塔德归纳了 6 个基本的文化维度。每个文化维度都对应一个数值范围，这一数值范围代表了人们不同的价值观。**文化维度理论**指出，任何一个民族文化都可以用由 6 个指标组成的体系来表示，每个指标代表 6 个文化维度中某个维度在这一体系中的相对位置。霍夫斯塔德理论的作用在于，它为我们提供了一种比较各个社会文化的相对位置的方式，这就好似一个独立于整体框架之外的观点。最近，霍夫斯塔德的理论已通过独立收集的数据集和调查得到验证。霍夫斯塔德总结的 6 个文化维度是：

权力距离：讲求平等的文化还是讲求等级的文化；
个人主义与集体主义：注重集体利益还是个人利益；
男性化与女性化：性别角色是相同还是不同；
不确定性的规避：讲求规则还是允许打擦边球；
着眼长期与着眼短期：未来规划的相对重要性；
放纵自我与约束自我：允许满足自然欲望的程度。

在对文化维度的类似研究中，艾琳·迈耶（Erin Meyer）将注意力转向了不同国家文化中典型的组织管理风格。通过对欧洲工商管理学院国际学生的研究，迈耶对不同国家组织的 8 个文化尺度进行了描述。迈耶的一些观点与霍夫斯塔德的文化维度理论有重叠。

沟通：是清晰直接还是隐晦高深（也叫作低语境和高语境）；
评价：是坦率、直接地提出批评，还是温和委婉地提出建议；

说服：是始于讲明原则，还是始于摆事实、举例子；

领导：是讲求平等还是讲求等级（类似于权力距离）；

决策：是讲求自上而下决策还是讲求集体决策（类似于个人主义与集体主义）；

信任：是基于任务的管理还是基于关系的管理（类似于男性化与女性化）；

表达不同意见：是针锋相对还是避免对抗；

时间安排：是讲求及时、有序地安排，还是讲求找准时机，适时安排。

霍夫斯塔德、迈耶等人试图找到一种客观的方式来描述文化，但也有人对他们的理论提出了批评。任何一个国家在不同文化维度上的立场都来自该文化理想化的"典型"人的立场。很明显，平均值的分布范围必须要广，这样每个统计分布的尾部才能与其他文化统计分布的尾部重叠。以美国为例，尽管一些少数群体表现出集体主义的文化风格，但个人主义文化仍在美国占主导地位。这并不一定意味着每个学员个体必须与他的大多数同胞持有相同的观点。尽管有这些批评，文化维度理论的确存在客观的，可衡量、可复制的普遍性原理。该理论既有普遍性也有特殊性。

也许这种理论带来的最大好处是，它消除了一种文化比其他文化更加优越或低等的主观概念。所有社会都立足其当地环境和本区域的历史而不断演进，使其人民的生存利益最大化。因此，每一种文化在其自身背景下所取得的地位都应获得尊重。很明显，对不同文化维度的基本了解可以让我们更好地理解学员可能出现的反应，也让我们自己的反应更加灵活。**跨文化指导要取得效果，要有自我意识、有效的自我管理和灵活性来保障。**前面提到，文化维度有多个层面，因此跨文化指导中师生结对的范围也很广。在这种情况下，我们无法对跨文化指导给出详细、具体的建议。在一个国家行之有效的方法在另一个国家可能会完全行不通。然而，对于来自英语国家的读者来说，一些普遍性的建议可能有助于他们指导其他国家的学员：

- 积极倾听是你能做的最重要的一件事。
- 了解文化维度理论会对你有很大的帮助。去某地之前和在某地期间，尽可能多地了解当地的文化和语言。你知道的东西越多，拥有的经验就越多，你的指导就越有效果。在许多国家，学几句当地的语言，别人会觉得你尊重他，对他的国家感兴趣。
- 在你去往的国家里，如果有人曾在你常居住的国家居住过，那么这些人对你能做什么事情，不能做什么事情的建议很有帮助。同样，倾听在你访问的国家长期居住的外国人的意见也会对你很有帮助，尤其是那些在当地有伴侣和家庭的人。然而，一般来说，要注意外籍人士产生的无意识偏见。

- **在高权力距离的国家**，你会被视为拥有相对较高的地位，因此你可能会对看似毫无道理的顺从感到不舒服。尽管如此，讲礼貌还是很重要的。你要了解当地人是如何对人表示尊重的，做什么事或说什么话可能会让人感到不舒服。例如，在阿拉伯国家，要避免用左手进食或递送东西。当资历较浅的专业人员和你进行交往时，他们通常会表现出在你看来是很顺从的样子，因为以这种方式与你互动，让他心理上感到舒服。如果你一味地坚持彼此之间要平等相待，这可能会让你的学员感到无所适从。只有他信任你，你才能真正帮助他。在这种情况下，相互探讨如何不失尊重地表达个人意见这一话题可能对你有所帮助。认为同一领域的专业人士接受了与我们相同的训练，因而他思考问题的方式也会和我们一样，这一假设没有经过验证，其结果也往往被证明是错误的。

- **集体主义国家**讲求团体的忠诚度和凝聚力。如果你明显偏爱某人，即便是无意的，也会被别人误以为你是在偏爱这个人所在的整个群体。在强调集体主义的国家，人们往往非常强调什么是"正确的"，自己对自己负责这一要求就违反了其文化规范，因此需要创造性地进行处理。另一方面，鼓励独立思考的同时尊重整个团队，可能会对指导有所帮助。

- **在高语境国家**，很多东西不会说出来，而是暗含其中，如此一来，往往会引发误会。而且此类国家非常关注非语言交流。因此，开调研会和达成协议尤为重要。要仔细说清楚彼此对对方的期望。对于一些棘手的问题，直截了当地表达你的关切可能会被认为不够礼貌，因此要确保你们之间建立了信任，而且见面是在私下进行的。在这一点上，保密尤为重要。非对抗性国家在这方面往往与那些高语境、高权力距离的国家相似。

案例 13　一位导师在一次成功的指导中认清了现实

（格斯·汉考克）

在我 35 年的学术生涯中，我指导（在研究小组里担任"导师"）了大约 45 名获得博士学位的研究生。他们大多数都是英国人，但一位来自东南亚国家的学生让我对自己的指导能力进行了重新思考。我们对该项目进行了精心规划，就安排、时间线和程序等方面进行了大量讨论，项目很快就产出了一些出色的实验成果。他很自豪地把这些成果呈现给我。经过一遍详尽地检查和验证后，我没有发现任何问题，这令我很满意。我问学生:"那么,你会怎么解释这种化学反应?"这个学生对我问的问题感到困惑。"我已经测量过了。你是教授,应该由你来向我们解释。"这位学生说。我意识到我和这位学生之间存在着文化差异,但这些文化差异没有引起我的重视。因此,我不依不饶。"不是这样的,"我说,"我想让你告诉我你的想法。你已经阅读了很多这方面的文献,你对这个理论有很好的理解,我想听听你的看法。但请记住,这是一个新的研究领域,目前可能没有一个'正确'的答案。不过,你也可以等几天再告诉我你的想法。"这个学生看起来很焦虑,我安慰他说,如果需要的话,小组中其他更有经验的同学可以给他提供帮助和支持。

他并没有寻求别人的帮助。几天后,他向我呈现了一个完全符合逻辑的解释,我发现这是这位学生通过自己的努力做到的,我们的关系变得更接近导师和学员,而不是我们原来以为的督导和学生。我很高兴我的指导产生了很好的效果。后来这名学生受邀在一个著名的国际会议上展示自己的研究成果。他是唯一一个在资深博士后和教授的陪同下参会的研究生。他的报告(经过精心准备)赢得了热烈的掌声,我坐在演讲厅的第一排,沉浸在自己的辉煌成就中。主席让大家提问,凭我的经验,这些问题会很温和,很直截了当,适合研究生回答。这位研究生笑了,说:"这是我第一次在这样的会议上发言。作为一名研究生,我很高兴能有机会在这里演讲。但说实话,我认为我的导师应该说几句，我相信他会很乐意回答任何问题的。"报告厅里爆发出阵阵笑声和掌声，我果然成了全场观众追问的目标。后来这位研究生发表了一篇优秀的论文，现在他是欧洲一所大学的著名教授。

第 5 章
职场导师培训及机构导师指导计划

1. 职场导师培训及督导

到现在，我希望大家能清楚地认识到，导师指导不仅是给出一些善意的建议。也许你会觉得要记的东西太多了，而且还要在本就紧凑的指导见面会中将理论付诸实践。阅读是学习的重要组成部分，但只阅读是不够的。事实上，所有的导师指导都需要双重处理，也就是说一个人应该通过练习技巧和在观察过程中提炼观点来提升指导水平。

撰写本文时，欧美国家经认证的导师培训课程相对较少。然而，有许多优秀的高管辅导老师培训课程是由声誉良好的培训机构开办的。虽然个人辅导不同于导师指导，但它的大多数技能、原则和过程是可以直接套用的（参见第 1 章第 4 节）。参加个人辅导或导师指导培训课程的显著好处是，在培训过程中，专家可以对你的实践进行点评。正如班杜拉的社会学习理论所讲的那样，无论学习哪一种技能，在专家的指导下学习都是最好的学习方式（参见第 4 章第 3 节）。

在选择培训课程时，重要的是要选择由以下主要辅导机构之一认可的培训课程，如欧洲导师指导和个人辅导协会（the European Mentoring and Coaching Council，EMCC）、国际个人辅导联合会（the International Coach Federation，ICF）以及个人辅导协会（the Association for Coaching，AC）。无论是个体形式还是合作形式，个人辅导和导师指导机构不仅对从业人员的认证进行监管，也对培训课程进行监管。它们的网站提供了各个级别认证课程所涵盖内容的大量信息，以及经批准的培训机构的名称和联系方式。霍金斯和史密斯详细介绍了个人辅导老师和导师培训的核心原则和开展方法，这些原则和方法可用来评估培训项目。

2. 机构内导师指导计划概述

良好的导师指导带来的好处非常明显，因而许多大型的机构都制订了自己的内部指导计划。然而，我们也看到一些可靠的报告指出，有些指导并不能发挥作用，存在一些结构上的缺陷。克拉特巴克曾指出，约有 40% 的导师指导计划未能实现其部分或全部既定目标。那么,有效的导师指导计划应该是怎样的呢?

根据克拉特巴克的说法,一个能产生效果的导师指导计划可以实现:

- 清晰的组织目标(例如,目标学员群体中选择继续接受培训的比率达到25%及以上);
- 大多数学员的个人发展目标;
- 让大部分学员学到东西的目标;
- 双方(导师和学员)有意愿再次参加指导活动的目标。

梅金森(Megginson)等人在2006年对机构组织的导师指导进行了一系列案例研究,这些案例的设计以及经验教训具有普遍适用性。以下是一个非常基本的概述,供那些打算制订指导计划的读者参考。然而,对于任何考虑制订导师指导计划的组织机构,我都建议其聘请一名专门从事个人辅导和导师指导培训的专家来帮忙。

制订导师指导计划的第一个基本要素是计划要得到组织机构的"认可"。不难理解,一项新的计划容易激发人们的热情和兴趣,这很正常,因为每个人都知道,良好的导师指导带来的好处是相当大的。但是,在与现实接触后,人们的想法可能会开始发生变化,热情往往会慢慢衰减。没有效果的导师指导所引发的问题在之前的章节已经讲过。如果管理上出现问题，指导计划就很可能无法执行下去。资深员工可能会担心，如果他们要从主要工作中腾出一些时间用到指导中，这可能会增加他们的负担。许多导师怀疑自己的指导能力，关心他们指导工作的职责范围有多大，以及他们对学员的进步负有多大的责任。学员方面的焦虑则包括对自己需要做的事情感到没把握，还担心在老板面前暴露自己的职业弱点。一些悲观的人会想，这项计划对于公司来说不过是又一项失败且无效的举措，虽然出发点是好的，但只不过是走形式而已。最终，这项全新的指导计划可能比公司之前做的所有尝试都更无益。

相较于其他组织机构，有些组织机构更加容易制订导师指导计划。制订指导计划困难还是容易，取决于导师指导的原则是否与现有的组织文化相冲突。例如，一些传统的重型工程公司有长期形成的等级森严的保守文化，这种文化带有管控性质，可能会与以客户为中心的原则和内在动机原则产生冲突。如果一个机构能够将员工的主动性和专业态度纳入其考评和聘用中，最高管理层也能对计划的制订给予全力支持，那么这样的机构制订出来的指导计划效果最好。

一个指导计划要得到"认可"，主要靠某个具有权威和影响力的人对制订计划这一想法进行大力宣传和推广。他首先会召集一小群支持者，一起制订一个非正式的试验性计划。随着

第 5 章 职场导师培训及机构导师指导计划

计划的实施和初见成效，推广者逐渐变多，计划实施的势头也越来越旺。最有效的导师指导计划要符合下列条件：

- 由可靠的辅导老师培训机构提供导师培训课程（参见第 5 章第 1 节）；
- 遵守导师指导的原则（参见第 3 章第 1 节）；
- 有序组织导师指导活动（参见第 3 章第 2 节）；
- 提供最高水平的管理支持。

自我负责原则要求导师为自己的工作质量承担责任。这意味着他们无论是在自己的专业学科领域，还是在指导艺术方面，既需要接受导师培训，同时还必须接受职业继续教育。对他们的培训应由专业个人辅导机构认可的知名个人辅导和导师指导培训机构来提供。

所有参与指导计划的学员必须是自愿的。如果学员和导师感觉自己是被迫参加的，或者压力很大，那么几乎可以断定，整个计划将无法实施下去。先参加的人通常是自愿主动的。组织上要提供支持，与结对师生协商好，给他们一些时间，允许他们可以适度抛开日常工作，同时相信他们能巧妙地利用好这些时间。学员在职业继续教育上取得的成绩是对导师自愿付出的努力和时间的最大回报。同样，学员应该明白，在导师指导活动中，他们必须对自己的专业发展负责，从而能在职业继续教育中取得成绩。将学员与导师进行结对时，我们需要一种简单的机制，允许导师和学员拒绝与对方结对，同时不会受到任何报复或质疑。

根据道德责任原则和建立信任的需要，导师指导工作要求学员保密。在一些机构，这一要求会给主管经理带来困难。于是，我们需要一种方法，让机构确信其花在指导上的时间和精力是值得的。最好的解决办法是在高管培训实践中安排一个三方会议。一开始，我们要在学员和他的部门经理以及导师之间举行一次三方会议，讨论学员的发展需求，机构能提供什么样的支持，以及能为三方所接受的各自的工作目标是什么。举例来说，如果一位年轻的科学家希望培养他的公共演讲能力，他就会联系一位导师，后者会同意召开一次调研会，然后再提供相关帮助。他的主管经理自然想知道他的进展如何。他们一同商定，在后面举行的某个专门会议上让学员演讲，之后对其所取得的进步进行评估。评估会开完后，将举行第二次三方会议。导师和学员都不需要将指导过程中发生的任何需保密的细节告诉主管经理。

如果主管经理也担任自己员工的导师，那么以客户为中心的指导原则可能会与机构的要求发生冲突。一般来说，师生结对不应在同一个部门内进行。尽管双方都可能意识到存在利益冲突，但也有例外情况。这种例外情况可能出现在短期指导中，因为就特定技术主题的指导而言，主管经理无疑是最有资格承担这一工作的人。

导师指导方案的制订不仅需要采取结构化的方法对每项指导工作进行规划，还需要对整个方案进行精心设计。尽管每个计划都必须根据学员和相关机构的具体情况而定，以满足其独特的发展需求，但大多数计划都有一些共同的特点。我建议每项指导工作可以开展以下周期性活动：

开展职业发展调研。主管经理与每个申请指导的学员协商一致，根据学员的职业发展需求制订计划。单位须决定为其提供什么样的培训和指导支持。无论如何，这都属于大多数单位人力资源绩效管理周期的正常部分。

成立导师小组。资深科学家和工程师自愿加入导师小组。之后，学员可以自愿接触导师小组中的导师，他们可以从小组成员名单中选择导师。接着，学员可以与小组中的一名或多名导师联系，安排个人调研会。

举行调研会。可能结对的师生双方见面，就指导的主题和范围进行讨论。如果双方觉得合适，可以达成一份非正式的"协议"，同意进行合作。协议的内容包括固定期间内指导见面会的次数和时间。

举行首次三方见面会。主管经理、学员和导师一起讨论导师指导工作的目标和大致的时间安排。见面会上，三方应明确哪些指标可以作为学员取得进步的依据。他们还要保证，指导的具体细节不能对外公开。

进行师生见面会。师生双方在商定好的师生见面会上见面，同时学员需在两次见面会之间完成商定好的自学任务。通常这样安排，每隔2到4周举行一次90分钟的见面会，共举行4次。师生对指导的情况进行总结回顾后，系列见面会就算结束了。

结束三方见面会。主管经理、学员和导师再举行一次像上面说到的三方见面会。会议对之前商定好的指导工作应达到的指标进行考核，之后再决定是否继续由这名导师进行指导，还是另请高明。

在得到各方同意的情况下，学员可以在相同或不同的导师指导下，根据需要就相同或不同的主题重复这个指导周期。在这一过程中，机构的作用仅限于推动这些活动的进程，在商定的范围内提供人力资源，并对个人所获得的成绩的相关证明材料进行审核。机构可以制订导师指导计划，对培训课程形成支持。在培训课程中，导师的作用是帮助学员将他们所学的知识融入其中。例如，为支持有关新技术发展方向的培训课程，单位计划为员工提供导师指导服务。图5-1可以作为如何制订指导方案的参考。

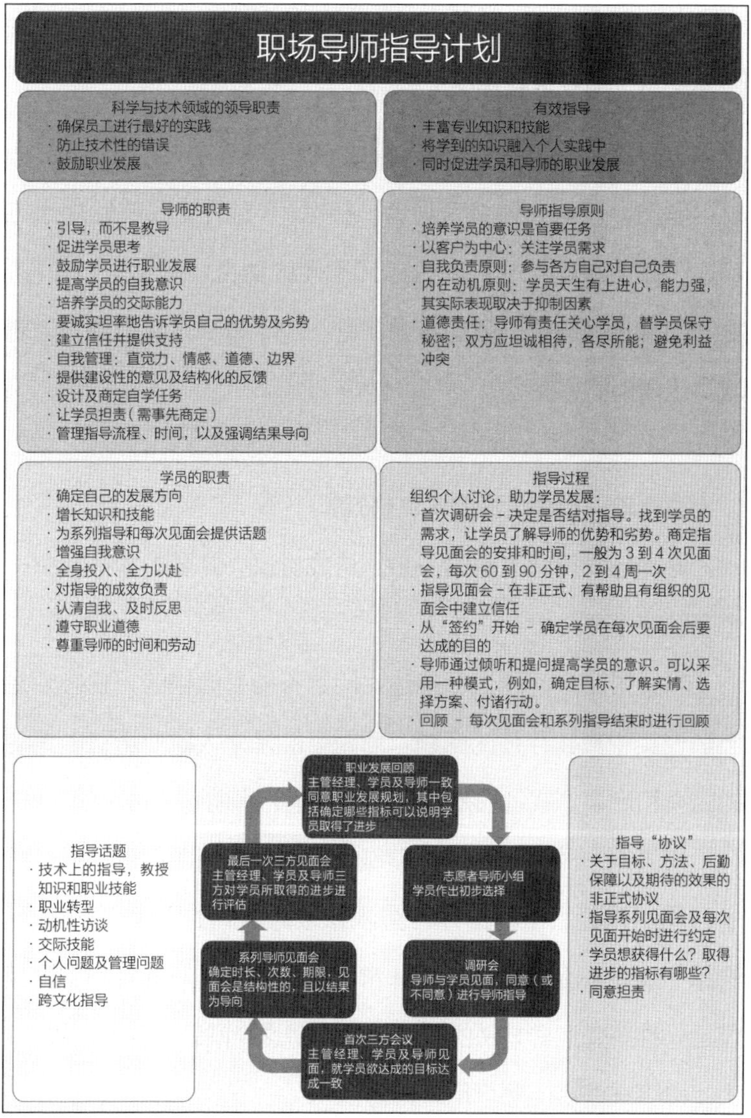

第 5 章 职场导师培训及机构导师指导计划

职场导师指导计划

科学与技术领域的领导职责
- 确保员工进行最好的实践
- 防止技术性的错误
- 鼓励职业发展

有效指导
- 丰富专业知识和技能
- 将学到的知识融入个人实践中
- 同时促进学员和导师的职业发展

导师的职责
- 引导，而不是教导
- 促进学员思考
- 鼓励学员进行职业发展
- 提高学员的自我意识
- 培养学员的交际能力
- 要诚实坦率地告诉学员自己的优势及劣势
- 建立信任并提供支持
- 自我管理：直觉力、情感、道德、边界
- 提供建设性的意见及结构化的反馈
- 设计及商定自学任务
- 让学员担责（需事先商定）
- 管理指导流程、时间，以及强调结果导向

导师指导原则
- 培养学员的意识是首要任务
- 以客户为中心：关注学员需求
- 自我负责原则：参与各方自己对自己负责
- 内在动机原则：学员天生有上进心，能力强，其实际表现取决于抑制因素
- 道德责任：导师有责任关心学员，替学员保守秘密；双方应坦诚相待，各尽所能；避免利益冲突

学员的职责
- 确定自己的发展方向
- 增长知识和技能
- 为系列指导和每次见面会提供话题
- 增强自我意识
- 全身投入、全力以赴
- 对指导的成效负责
- 认清自我、及时反思
- 遵守职业道德
- 尊重导师的时间和劳动

指导过程
组织个人讨论，助力学员发展：
- 首次调研会 – 决定是否结对指导。找到学员的需求，让学员了解导师的优势和劣势。商定指导见面会的安排和时间，一般为 3 到 4 次见面会，每次 60 到 90 分钟，2 到 4 周一次
- 指导见面会 – 在非正式、有帮助且有组织的见面会中建立信任
- 从"签约"开始 – 确定学员在每次见面会后要达成的目的
- 导师通过倾听和提问提高学员的意识。可以采用一种模式，例如，确定目标、了解实情、选择方案、付诸行动。
- 回顾 – 每次见面会和系列指导结束时进行回顾

指导话题
- 技术上的指导，教授知识和职业技能
- 职业转型
- 动机性访谈
- 交际技能
- 个人问题及管理问题
- 自信
- 跨文化指导

指导"协议"
- 关于目标、方法、后勤保障以及期待的效果的非正式协议
- 指导系列见面会及每次见面会开始时进行约定
- 学员想获得什么？取得进步的指标有哪些？
- 同意担责

职业发展回顾：主管经理、学员及导师一致同意职业发展规划，其中包括确定哪些指标可以说明学员取得了进步

最后一次三方见面会：主管经理、学员及导师三方对学员所取得的进步进行评估

志愿者导师小组：学员作出初步选择

系列导师见面会：确定时长、次数、期限，见面会是结构化的，且以结果为导向

调研会：导师与学员见面，同意（或不同意）进行导师指导

首次三方会议：主管经理、学员及导师见面，就学员欲达成的目标达成一致

图 5-1　职场导师指导计划要点

练习 13　指导实践观摩

总时长 60 分钟。3 个人组成一个小组,一位当导师,一位当学员,还有一位是旁观者。每轮 15 分钟,共三轮观摩练习加一轮全体讨论。每一轮选择不同的角色。座位呈三角形,导师和学员面对面,旁观者坐在另一边。每个人都明确承诺对涉及的任何信息保密。

第一轮:指导见面会(10 分钟)

导师与学员建立融洽关系、达成协议,并要求学员提出一个问题作为开头。

学员对这个问题进行描述。问题不能是虚构的,它必须是当前现实中真实存在的问题。问题可能是个人职业道路上遇到的困境和麻烦,或者只是他想要搞清楚的事情。

如果双方同属一个工作领域,那么所提问题可能是一个技术方面的问题。不要选择带有浓厚感情色彩的重大个人问题。选择一些不那么重要,甚至非常琐碎的事情。所选择的主题仅仅是一种研究指导方法的工具,并非对这个问题本身感兴趣。

以下一些小问题可用来讨论:

- 买生日礼物时不知道该怎么选;

- 一位同事提出的关于办公程序的问题；
- 为下周和老板讨论一些无关紧要的事情做准备；
- 与亲戚或朋友商量选择一种娱乐方式。

导师要有效提问、积极倾听和进行自我管理。导师可以遵循像 GROW 模式这样的个人辅导结构，但不一定非要这么做。理想的结果是，导师能够提供一种见解，这种见解可能可以解决提出的问题，也可能解决不了。

导师负责控制好时间。如果超出了分配的时间，旁观者将会终止会话。

观摩反馈（5 分钟）

观摩者不参与指导互动。他的作用是在指导结束后，就指导方法和过程向导师提供建设性的反馈意见。其目的是研究指导方法，而不是针对学员提出的问题提供解决方案。反馈必须用证据说话。观摩者要看的是导师的基本技能——巧妙提问、积极倾听、建立信任、自我管理和给出建议（如果合适的话）——的运用情况。同时，要坚持指导原则，达成协议并给予结构化指导。观摩者可以用一些关键字记笔记，提出三个好的方面以及一个需要改进的地方。除了要求对一些问题进行澄清外，这一阶段三方不应进行讨论。这一轮就到此结束。

第二轮（15 分钟）

三个人按三角形移动并改换位置。重复上一轮：指导 10 分钟，反馈 5 分钟。

第三轮（15 分钟）

三个人按三角形移动并改换位置。重复上一轮：指导 10 分钟，反馈 5 分钟。

第四轮：全体讨论（15 分钟）

提问和回答：

- 关于指导技能，你学到了什么？
- 关于指导结构和程序，你学到了什么？
- 每个参与者在不同的角色中感觉如何？

参考文献

Allen, T.D, Lentz, E., and Day, R. 2006. Career success outcomes associated with mentoring others. A comparison of mentors and non-mentors. *Journal of Career Development*. v. 32, No. 3. pp. 272–285. University of Missouri.

Anderson,L.W.(Ed.),Krathwohl,D.R.(Ed.),Airasian,P.W.,Cruikshank, K.A., Mayer, R.E., Pintrich, P.R., Raths, J., and Wittrock, M.C. 2001. *A taxonomy for learning,teaching,and assessing:A revision of Bloom's Taxonomy of Educational Objectives* (Complete edition). Longman, NewYork.

Association for Coaching. 2020.

Bandura, A. 1977. *Social Learning Theory*. Prentice Hall, Englewood Cliffs, NJ.

Beard, C., and Wilson, J.P. 2006. *Experiential Learning: A Handbook for Education, Training and Coaching*. Kogan Page, 3rd Edn, 2013, London, Philadelphia, New Delhi.

Blakey, J., and Day, I. 2012. *Challenging Coaching*. Nicholas Brealey Publishing, London, Boston.

Chartered Institute of Personnel and Development. 2020. *Coaching and mentoring factsheet.*

Clutterbuck, D. 2011. *Why mentoring programmes and relationships fail.*

Covey, S. 1989. *The Seven Habits of Highly Effective People.* Simon & Schuster, London.

Dobelli, R. 2013. *The Art of Thinking Clearly.* Sceptre Books, Hodder & Stoughton, London.

Drucker, P.F. 2005. Managing oneself. In The best of HBR 1999. *Harvard Business Review.*

Dweck, C.S. 2012. *Mind-Set. How You Can Fulfil Your Potential.* Constable & Robinson Ltd., London.

Eby, L.T., McManus, S.E., Simon, S.A., and Russell, J.E.A. (2000). The protégé's perspective regarding negative mentoring experiences: The development of a taxonomy. *Journal of Vocational Behaviour*, v. 57, pp. 1–21.

European Mentoring & Coaching Council. 2020. Online article *EMCC Competence Framework V2.*

Fowler, H.H., and Fowler, F.G. (Editors–based on the Oxford Dictionary). 1964. *Concise Oxford Dictionary of Current English.* Oxford University Press, London, 5th Edn.

Gallwey, W.T. 2002. *The Inner Game of Work.* TEXERE Publishing Ltd., London.

参考文献

Garvin, D.A., and Margolis, J.D. 2015. The art of giving and receiving advice. *Harvard Business Review*. Jan–Feb, pp. 61–70.

Goleman, D. 1996. *Emotional Intelligence*. Bloomsbury Publishing, London.

Goleman, D. 2006. *Social Intelligence*. Arrow Books, London. Guirdham, M. 2002. *Interactive Behaviour at Work*. Person Education Ltd., Harlow, 3rd Edn.

Hargie, O. (Ed.). 2006. *The Handbook of Communication Skills*. Routledge, London and New York, 3rd Edn.

Hargie, O., and Dickson, D. 2004. *Skilled Interpersonal Communication*. Routledge, London and New York, 4th Edn.

Hawkins, P., and Smith, N. 2006. *Coaching, Mentoring and Organisational Consultancy*. Open University Press, McGraw-Hill Education, Maidenhead.

Hofstede, G., Hofstede, G.J., and Minkov, M. 2010. *Cultures and Organizations. Software of the Mind. Intercultural Cooperation and Its Important for Survival*. McGraw-Hill, New York, 3rd Edn.

Holland, C. 2009. Workplace mentoring: A literature review. *Work and Education Research & Development Services*, New Zealand Gov.

Honey, P., and Mumford, A. 1992. *Manual of Learning Styles*. Honey Publications, Maidenhead, 3rd Edn.

International Coach Federation. 2020.

Krathwohl,D.R., Autumn 2002. A revision of Bloom's taxonomy, an overview.

Theory into Practice, v. 41, No. 4, pp. 212–225. College of Education, The Ohio State University.

Leary-Joyce,J.2014.*The Fertile Void:Gestalt Coaching at Work*.Academy of Executive Coaching Press, St.Albans.

Megginson, D., Clutterbuck, D., Garvey, B., Stokes, P., and Garrett-Harris, R. 2006. *Mentoring in Action*. Kogan Page, London, Philadelphia, 2nd Edn.

Mental Health Foundation. 2020.

Meyer, E. 2014. *The Culture Map. Decoding How People Think, Lead and Get Things Done across Cultures*. Public Affairs, New York.

Murphy, W., and Kram, K.E. 2014. *Strategic Relationships at Work*. McGraw-Hill Education, New York.

Nauta, M.M. 2010. The development, evolution, and status of Holland's theory of vocational personalities: Reflections and future directions for counselling psychology. *Journal of Counselling Psychology*, v. 57, No. 1, pp. 11–22. American Psychological Association.

O*NET Interest Profiler. Sponsored by US Department of Labor, Employment & Training Administration.

Olivero, G., Bane, K.D., and Kopelman, R.E. 1997. Executive coaching as a transfer of training tool: Effects on productivity in a public agency. *Public Personnel Management*. v. 26, No. 4, pp. 461–69. Winterissue.

Passmore, J., and Whybrow, A. 2008. Motivational interviewing. A specific approach for coaching psychologists. In Palmer, S., and Whybrow, A.

(Editors) *Handbook of Coaching Psychology*, Chap. 3, pp. 160–173. Routledge. London and New York.

Patterson, K., Grenny, J., Maxfield, D., McMillan, R., and Switzler, A.2013. *Crucial Accountability. Tools for Resolving Violated Expectations, Broken Commitments and Bad Behaviour*. McGraw-Hill Education, New York, 2nd Edn.

Seligman, M. 2011. *Flourish. A New Understanding of Happiness and Well-Being*. Nicolas Brealey Publishing. London and Boston.

Starr, J. 2003. *The Coaching Manual*. Pearson Education Ltd, London, 2nd Edn.

Starr, J. 2014. *The Mentoring Manual*. Pearson Education Ltd, London.

Tredennick, H. 1959. *Plato: The Last Days of Socrates*. Penguin Books, London and Tonbridge.

Whitmore, J. 2002. *Coaching for Performance: Growing People, Performance and Purpose*. Nicholas Brealey. London, Naperville, USA.

致　谢

说到感谢，我尤其要感谢我的导师们，在我 53 年的职业生涯中，他们在不同的阶段给予我许多帮助。在我职业生涯早期，都柏林圣三一学院的地质学教授阿德里安·菲利普斯（Adrian Phillips）、克里斯·斯蒂尔曼（Chris Stillman）和乔治·塞瓦斯托普洛（George Sevastopulo），以及后来的伦敦帝国理工学院皇家矿业学院的雷克斯·戴维斯教授（Rex Davis）对我的影响很大。我非常幸运，有很多同事、朋友和管理者在我的职业发展方面给予了我很多重要帮助。其中对我影响最大的是北爱尔兰前地质调查局局长，后来担任英国地质调查局副局长的哈里·威尔逊（Harry Wilson）。2009 年，在我职业生涯的末期，地质科学领域有了高管培训。我在 2008 年至 2009 年接受了由伦敦个人辅导发展中心提供的高管个人辅导方面的基础培训，2014 年至 2015 年学习了由高管辅导学院开设的继续教育课程。我非常感谢这两家机构。我还要特别感谢高管培训学院的创始人、国际知名辅导老师约翰·利里－乔伊斯，感谢他那绝妙的教学和指导，也感谢他为本书作序。

本书源于一本手册，该手册是为世界上最古老、最负盛名的学术学会之——地质学会，于2015年至2019年开设的一系列地质科学导师培训讲习班而编写的一个补充资料手册。在此期间，前地质学会认证官员比尔·加斯卡思（Bill Gaskarth）推动成立了讲习班，并给了我很多鼓励。书中包含各种不同的观点，其中有许多借鉴了参考文献中所列的有关高管辅导、人际交往技能培养和跨文化研究的知名权威书籍中的观点，并将这些观点在职场导师指导工作中加以运用。感谢大卫·克拉特巴克、乔伊斯以及特许人事与发展协会，他们允许我可以直接引用他们的开创性著作。

我特别感谢其他科学和技术领域的朋友，如伊恩·格雷厄姆、格斯·汉考克和蒂莫西·布伦德尔，他们给我提供了案例。地质科学家和作家保罗·莱尔（Paul Lyle），以及退休的高级公务员和古典学者罗伊·甘布尔（Roy Gamble），亲自通读了我的手稿，并给予了我很多有益的建议。在以上这些人面前，我感到自愧不如，他们中的任何一个人都能比我写得更好。我非常感谢我的学员，这些年来他们教会了我许多东西，很多时候比我教给他们的还要多。同时，泰勒·弗朗西斯出版集团的编辑阿里斯泰尔·布莱特（Alistair Bright）和玛珍妮·布鲁因（Marjanne Bruin）所提供的建议非常实用，对完成本书的编写起了至关重要的作用。

最后，如果没有我的妻子特鲁迪·阿瑟斯（Trudy Arthurs）的支持和鼓励，我不会动手写这本书，更不用说把它写完了。她是一位知名的高管辅导老师和辅导老师培训师，在她的帮助下，我接受了辅导老师方面的培训。她在幕后为这个项目作出了巨大贡献。在这项事业中，我找不到比她更好的伙伴了。